정산종사
법문예화

▼ **정산종사 법문예화**　　서문 성 엮음

● 인쇄 | 2008년 5월 13일 ● 발행 | 2008년 5월 19일
● 펴낸곳 | 원불교출판사 ● 펴낸이 | 김영식 ● 출판등록 | 1967. 7. 1 제7호
● 주소 | 전북 익산시 신용동 344-2 · TEL(063)854-0784 · Fax(063)852-0784

값 9,000원　　*잘못된 책은 바꿔 드립니다.

정산종사 법문예화

서문 성 엮음

글머리

금은보화로도 살 수 없는 말씀

　대종사님과 정산종사님께서는 일생동안 많은 법문을 설하셨습니다. 법문을 설하실 때 예화 또한 많이 인용하셨다는 것을 각종 법문과 당대 선진님들의 말씀을 통하여 알 수 있습니다. 그러나 아쉽게도 문헌의 기록이나 구전으로 전하여지고 있는 예화들이 많지 않다는 점입니다. 특히 대종사님께서 사용하셨던 예화들은 대종사님 당대의 제자들께서도 그리 많이 기억하고 있지 않음을 볼 때 아쉽지만 지금이라도 더욱 관심을 가져야 할 부분임에는 분명합니다.

　대종사님께서 말씀하신 예화들은 각종 자료와 대종사님을 모시고 구전심수하셨던 선진님들께 법문을 받들면서 대종사님께서 말씀하셨다고 하는 예화들을 틈틈이 모아 원기89년에 《원불교 초기

교단 예화모음》이라는 제목으로 책을 출판한 적이 있습니다.

　이번 정산종사님께서 제자들에게 법문하시며 말씀해주신 예화들을 한자리에 모아 다시금 《정산종사 법문예화》로 엮었습니다. 그러나 이번 책의 예화는 정산종사님께서 말씀하신 예화의 일부분이라는 것입니다. 앞으로 제2, 제3의 예화집이 나올 수 있도록 공부하고 노력하겠습니다.

　예화란 특성상 같은 내용일지라도 때와 장소에 따라 조금씩 다르게 전해지고 또 구전으로 전해지는 과정에서 다소 차이는 있으나 내용은 대동소이할 수밖에 없습니다. 문헌에도 기록하는 사람에 따라 조금씩 차이를 보이는 것은 당연한 일이라 생각됩니다.

　《정산종사 법문예화》는 《정산종사 법어》, 《한 울안 한 이치에》, 《정산종사 법설》, 《정산종사 그때 그 말씀》, 좌산상사님의 정산종사 수필법문, 곤타원 박제권 종사님의 정산종사 수필법문, 그리고 선진님들의 각종 자료에서 발취하고 참조했습니다. 예화를 정리하다

보면 대종사님께서 말씀하셨던 예화를 정산종사님께서도 인용하신 예화가 있어 대종사님 예화와 중복되는 부분도 있습니다.

  책으로 엮고 보니 정산종사님께 누가 되지 않을지, 가장 큰 우려가 되기도 합니다. 책의 내용 중에 잘못된 점이 있으면 지적해주시고, 보충해 주시고, 지도해 주시면 앞으로 많은 도움이 되겠습니다.

  성자들의 한 말씀 한 말씀은 어떤 금은보화로도 살 수 없는 것임을 새 삼 느끼면서 글머리에 대신합니다.

샘골 골방에서 서문 성

● 목 차

제1부 스님 지금 무엇을

- 스님과 메밀묵/ 15 ● 무엇을 가르치십니까/ 16
- 불심이 독실한 태온공/ 17 ● 선승의 최후일념/ 20
- 스님의 아버지 제삿날/ 21 ● 영원조사의 스승제도/ 22
- 한 승려의 꿈/ 27 ● 불무령, 불유령/ 30 ● 기다리다 패가망신/ 35
- 김동거사와 여동빈/ 37 ● 바쁘다 스님/ 39
- 유마거사와 사리불 / 40 ● 약산선사의 무언설/ 42
- 과거심도 불가득/ 44 ● 허망하고 싱거운 법문/ 46
- 세존과 농부/ 48 ● 언덕 있게 하라/ 50 ● 아난존자의 견성/ 51
- 아난존자 법문 들을 땐/ 52 ● 송광사 공양주/ 53
- 내소사 공양주/ 54 ● 내소사 스님의 종기/ 55

제2부 오백생 여우 보

- 진묵대사의 공양/ 59   ● 삼백년 빈천 보/ 60
- 황금과 녹이 같은 이치/ 61   ● 유점사 53불/ 62
- 백파선사, 서고청/ 64   ● 백은선사의 부동심/ 65
- 한 사문의 나무아미타불/ 66   ● 달마대사와 혜가대사/ 67
- 한산과 습득/ 70   ● 허주와 영산/ 75
- 오백생 여우 보/ 76   ● 조법사의 열반 시/ 78
- 배도의 관상이야기/ 79   ● 혜충국사와 대이삼장/ 84
- 거꾸로 서서 죽다/ 86   ● 부설거사 일가족의 성도담/ 87

제3부 식물의 사주

- 식물의 사주/ 97   ● 공자의 7일간 굶주림/ 98   ● 안연과 팔산/ 99
- 진시황과 사구/ 100   ● 해 뜨면 일하고/ 101   ● 명협과 지영초/ 103
- 탕왕의 기도/ 104   ● 주공의 구국일심/ 105
- 월상에서 전한 흰 꿩/ 108   ● 길일과 흉일/ 109
- 위수의 곧은 낚시/ 110   ● 광무황제와 모략자/ 112
- 임상여와 염파/ 113   ● 의형제/ 114   ● 삼고초려/ 115
- 송홍의 뜻/ 116   ● 왕절 선생에게 알리지 마십시오/ 117
- 부자 석숭/ 118   ● 소공이라는 사람/ 120   ● 문을 지킨 후영/ 121
- 정북창의 두 아들/ 122   ● 박문수와 조태채/ 123
- 노총각의 소원/ 125   ● 숙종대왕의 의형제/ 127
- 사람 같지 않는 놈/ 128   ● 율곡의 두 제자/ 129
- 이우경의 후회/ 130   ● 재상의 수염/ 132   ● 황희와 두문동/ 133
- 황희와 봉물/ 135   ● 검정 소와 누렁 소/ 137   ● 구봉과 사계/ 142
- 이순신 장군의 충성/ 144   ● 이순신 장군의 제문/ 145
- 수레에서 내려가다/ 145   ● 삼백 냥에 산 금언/ 146
- 조정암 가시는 길/ 147   ● 자력양성/ 148   ● 김정호의 지도 제작/ 149
- 서화담과 황진이/ 150   ● 이인의 장사 법/ 152

제 4 부 황우야 집이 붕어하신다

- 대영 제국에 어찌 그런 일이/ 155   ● 누가 유고의 집에 실례를/ 156
- 어머니의 기도/ 157   ● 타고르의 시/ 158   ● 두 대학생의 차이/ 159
- 문장가의 길/ 160   ● 눈(雪)이라는 시/ 161   ● 사당에 지게를 놓은 까닭/ 162
- 새끼줄대로 엽전을/ 163   ● 부인의 지혜/ 164   ● 소인의 심성/ 165
- 오내진 이야기/ 165   ● 박혜련화의 신성/ 167
- 한 사람의 원심이라도 풀려야/ 168   ● 존경받는 방법/ 169
- 목인과 토인/ 170   ● 발바닥 사마귀 상/ 171   ● 배움이 없는 도시관/ 172
- 형수의 처사/ 174   ● 도련님 덕분에 양반 한번 / 176
- 허석계와 오금/ 177   ● 딸 3자매/ 179   ● 평강공주의 정신/ 181
- 일 년에 생일이 두 번/ 185   ● 부자간의 싸움 / 187
- 월천 좀 하여 주게/ 188   ● 구수미 최일양대/ 190   ● 오백년 이어온 불씨/ 194
- 돈 빌려간 사람/ 195   ● 여우귀신 사당/ 196   ● 천어(天語)/ 197
- 첫날밤에 논에 간 신랑/ 198   ● 두 친구의 차이/ 202   ● 파리대감/ 204
- 쥐의 보은/ 206

제 5 부   이신순 장군의 나라 사랑

- 이순신 장군과 진린/ 209   ● 적덕정승의 아량/ 212   ● 탐욕으로 죽다/ 214
- 재물에 대한 욕심/ 215   ● 진초오국의 외밭/ 216   ● 이문원의 장난/ 217
- 부하 거느리는 법/ 220   ● 아는 것을 모르는 척/ 220   ● 점원과 약속/ 221
- 성공의 뜻/ 222   ● 오봉과 악습/ 222   ● 자하의 세 가지 죄/ 224
- 교우의 신의/ 225   ● 뉘 안의 쌀/ 226   ● 대 잎의 풍정/ 227
- 핀 한 개의 인격/ 228   ● 오천대감 / 229   ● 최고의 광부/ 230
- 부루나의 전법/ 231

제1부
•
스님 지금 무엇을

어떤 선승이

소나무 밑에서 도를 닦는데

항상 솔가루가 떨어지는 것을 성가시게 여기더니

최후 일념 시(時)에도

그 성가신 그대로 죽어서

후생에 독사의 몸을 받았다.

스님과 메밀묵

어떤 스님이 산전(山田)에다 메밀을 갈아 놓고 말했다.
"이제 메밀묵은 먹어 놓았다."
상좌가 듣고 말했다.
"스님! 자셔야 자신 것이지."
"메밀을 갈아 놓았으니 먹을 것 아니냐?"
그 후 메밀을 베어다 타작한 후 묵을 쑤려고 거르면서 스님이 말했다.
"이제는 메밀묵은 먹어 놓았다."
또 그 상좌가 말했다.
"스님! 자셔야 자신 것이지."
스님은 그만 화가 천동(天動)같이 나서 상좌를 때리려 하다가 메밀 거르는 통을 깨뜨려버리고 말자 상좌가 말했다.
"자셔야 자신 것이지, 어디 자셨는가요?"

정산종사는 위의 예화를 말씀하시고 "그 제자의 말이 맞았도다. 아무리 대소 간에 오랜 시일과 적공을 들이던 일도 시종여일(始終一如)하게 마음을 가지고 나가야 그 성과를 보는 까닭에 최후 일분까지 방심을 해서는 만사불성(萬事不成)인 것은 이치의 당연함이다."고 하시었다.

무엇을 가르치십니까

어떤 스님이 처음으로 설법을 하려고 한 신도(信徒)집을 방문하였다.

현관에서 몇 시간을 기다려도 문을 열어주지 않자 진심(瞋心)을 내고 환사(還寺)를 하려하자 그때야 현관문이 열리고 들어오라 하였다.

그런데 응접실에서 또 다시 그 신도가 나오기를 몇 시간 동안 기다리게 되었다.

스님은 그만 화가 천동(天動)같이 일어나 밖으로 뛰쳐나가자 신도가 따라 나오며 말하였다.

"스님은 무엇을 가르치십니까?"

정산종사는 정전 솔성요론 '일일 시시로 자기가 자기를 가르칠 것이요.' 하는 조항을 설명하시며 위의 예화를 말씀하시고 "가르치는 데에 있어서 하등(下等)은 문자와 언어로써 가르치는 것이요, 중등(中等)은 몸소 실행하여 가르친다. 즉 진심, 탐심을 극복하고 참는 것을 보여 주는 것이요. 상등(上等)은 사심 없는 순일무잡(純一無雜)한 마음으로 가르치는 것이다."고 하시었다.

불심이 독실한 태온공

태온공(太溫公)이라는 분은 중국의 재상으로 불교를 독실하게 믿고 또 불사도 많이 하였다. 태온공은 회갑이 돌아와 잔치를 그 근방 호숫가에서 하게 되어 30여 명 가족이 배를 타고 놀도록 보내고 막둥이 아들만 자기와 둘이서 집을 보게 되었다. 그런데 30여 명이 탄 배가 파선되어 놀기는커녕 몰사(沒死)를 당하고 말았다.

회갑 후 고독(孤獨)이 된 부자(父子)는 1년이 지난 후 수중고혼들을 천도하다가 또 막둥이 아들마저 빠져 죽었다. 이에 태온공은 세상을 비관하고 무상을 느낀 나머지 재산을 하인들에게 다 나눠주고 노비를 장만하여 짐을 맡기고 정처 없이 길을 떠돌아다녔다. 얼마만큼 가는 도중에 사미승 하나를 만났다. 그가 상좌가 되겠다하여 함께 다니게 되었다.

그런데 어느 날 태온공이 옛 친구인 부자 집을 찾아가게 되었다. 그 친구는 옛적 호강하던 태온공이 이렇게 과객이 된 일을 가엾게 생각하여 방 하나를 치우고 태온공과 상좌를 편히 후대(厚待)하였다. 친구 집에서 며칠 되지 않아 그 집에서 제일가는 무가(無價)의 보물을 잃어버리는 일이 생겼다.

태온공은 미안하기 짝이 없어 그 집을 나와 정처 없이 떠돌다가 또 다른 옛 친구의 집에 들르게 되었다. 친구는 푸대접을 하였다.

"옛적에 그렇게 잘살더니 왜 이렇게 되었는가?"

홀대를 함에도 불구하고 하루만이라도 재워달라며 애걸복걸하여 겨우 하루를 지내고 세 번째 친구의 집을 찾게 되었다.

이 친구의 집에서는 친구의 얼굴이나 보고 길이라도 물을 겸 찾아 갔으나 그 친구가 깜짝 놀라 반기며 들어오라 하였다.

태온공이 말했다.

"내가 지금 길을 가다가 길을 몰라서 들어 왔으니 길만 좀 가르쳐 주게나."

그 친구는 머슴 하나를 같이 가게 하여 길을 인도하게 하였다. 세 사람이 함께 어디만큼 가다가 외나무다리를 건너게 되어 태온공은 다리를 건너가고 머슴이 건너려할 때 상좌가 잘못하여 머슴을 물에 빠뜨려 죽게 하였다.

그러자 태온공은 그만 화가 나서 그 상좌를 때리며 말했다.

"첫 번째 부자 집인 친구의 집에서는 무가의 보물을 도적질하고, 두 번째 그 불친절한 집에다 보물을 놓고 오고, 세 번째 길 가르쳐 주는 머슴은 죽여 버리니 이것이 어찌된 일이냐?"

태온공은 화가 너무 천동(天動)같이 나서 기절해 버렸다.

그런데 한참동안 까무러쳤다가 깨어보니 상좌는 간 곳 없고 점잖은 노인 한 분만이 서 계시다가 태온공에게 말했다.

"태온공은 본래 불심이 장하였으나 삼족(三族)이 멸할 죄업이 있어서 30여 명 식구가 몰사의 죽음을 당한 것이요, 첫 번째의 친절한 친구는 앞으로 큰 도적맞을 재앙(災殃)이 있어서 보물 하나를 잃은 것으로써 주의하여 큰 손해를 막게 하여준 것이며, 두 번째 불친절

한 친구 집에 갖다 준 것은 이 사람은 욕심이 많고 보시심이 적은지라 그런 무가지보(無價之寶)를 갖다 줌으로써 친구는 이렇게 귀한 물건도 그냥 주고 가는데 하물며 내 것만 챙기는 욕심만 부려서 못쓰겠다고 깊은 참회를 하게 한 것이요, 세 번째 머슴을 죽인 것은 이 머슴이 불량하여 언제든지 자기 주인을 죽이고 주인마누라하고 살려고 기회를 엿보고 있었기에, 남을 죽이려는 놈이라 자기가 죽어 마땅하기로 죽인 것이니 그리 알라."

하고는 또 말했다.

"너의 막둥이 아들은 물에 빠졌으나, 그때 바로 어부의 구원으로 지금 너의 집에 살고 있노라."

태온공이 집에 돌아오니 아들은 잘 지내고 있었고 떠나올 때 재산을 50석 준 사람은 1백석 꾼이 되고, 1백석을 준 사람은 2백석 꾼이 되어 다 각각 부자가 되어 잘 살고 있었다.

정산종사는 위의 예화를 말씀하시고 "사람이란 지은대로 선한 일은 선과로 받고, 악한 일은 악과로 받아 호리도 틀림이 없이 소소영령하여 속이지 못하는 까닭에 아는 사람은 앞날에 돌아오는 일들을 일월광명의 빛 같이 알게 된다."고 하시었다.

선승의 최후 일념

어떤 선승이 소나무 밑에서 도를 닦는데 항상 솔가루가 떨어지는 것을 성가시게 여겼다.

선승은 최후 일념 시(時)에도 그 성가신 그대로 죽어서 후생에 독사의 몸을 받았다.

정산종사는 위의 예화를 말씀하시고 "일생을 선승으로 수도를 하였건마는 최후 일념을 성가시게 여긴 까닭에 그 착(着)으로 악도(惡道)에 떨어진 경우이다.

한 생각 최후 일념을 잘 가지는 것이 내생의 종자요, 습관이 되는 줄을 알아야 한다. 그러나 최후 일념의 청정이 별 수고 없이 누구나 다 마음대로 되는 것이 아니다. 평소부터 부단한 노력의 적공이 쌓이고 쌓여야 된다."고 하시었다.

스님의 아버지 제삿날

옛날에 한 스님이 운수행각을 하던 중 평양 대동문에 이르렀다.
그날이 마침 스님의 아버지 제삿날이므로 돌아다니는 몸이라 차릴 제물이 없어서 청수 한 그릇을 떠다 놓고 제사를 모시면서 정(定)에 들어 버렸다.
이때 평양감사가 대동문에 큰 잔치가 있다고 여러 신장과 잡귀들이 모여드는 꿈을 세 차례나 꾸고 이상히 여겨 그곳에 가 보았다.
한 곳에 불이 켜 있고 거기에는 한 스님이 정(定)에 들어 있을 뿐이었다. 이에 감사는 보통 스님이 아니라는 것을 알고 인사를 드리고 모시고 가서 융숭한 대접을 하였다.

정산종사는 위의 예화를 말씀하시고 "이것을 보더라도 정성이 지극하면 반드시 큰 감응이 있는 것을 알 수 있다."고 하신 후 "물은 근원이 있어야 대해장강을 이루고 나무는 뿌리가 튼튼해야 무성한 것과 같이 가정이나 국가나 회상도 그 근본을 잊지 않고 추원보본의 정성을 드림으로써 영원한 발전을 하게 되는 것이다.
그러므로 가정에서는 그 조상에게 제사를 받들고, 나라에서는 사직과 종묘에 제사를 지내며, 우리 회상에서도 창립주의 기념을 정성스럽게 모시고 선진들의 공적을 기리며 빛나는 유업을 길이 계승하기를 다짐하는 것이다."고 하시었다.

영원조사의 스승제도

영원조사(靈源祖師)가 영원암(靈源庵)에 들어가 수도하는 중 아무리 오래 공부하여도 도를 깨지 못하는지라 자기는 도를 못 깰 것 같아서 속계에 내려가 향락이나 보리라고 가는 도중에 한 노인이 쇠뭉치로 바늘을 만든다고 갈고 있는 것을 보고 발심하여 자기가 너무 조급하게 생각했다하며 도로 들어가 5년을 더 공부하여 어느 날 아침 만발한 도화(桃花)를 보고 도를 깨쳤다.

그런데 애초에 영원조사가 도를 깨치기 전 그의 스승이던 명학동지가 너무도 욕심이 많았던 것을 걱정하여 제도하려고 갔더니 벌써 죽어서 광을 지키는 구렁이로 환생되어 있었다.

영원조사가 명학동지를 제도하여 명학동지는 어느 자식 없는 주막집에 아들로 태어났다. 영원조사가 그 아이(명학동지)를 데려다 절에서 가르쳐 후에 도를 깨치게 했다.

정산종사는 위의 예화를 말씀하시고 "욕심, 착심이란 참으로 무서운 것이다. 그러므로 여러분은 어떠한 일이 있더라도 죽는 한이 있더라도 욕심, 착심을 내지 말라."고 하시었다.

영원스님과 명학스님의 설화가 다음과 같이 전해오기도 한다.

강원도 내금강 백천동(百川洞)에 영원암이라는 절이 있었는데, 이 절은 옛날 영원스님이 수도하였던 곳이다.

영원스님은 경주 사람으로 속성은 김씨인대 어려서 동래 범어사로 명학스님을 찾아가 머리를 깎고 스님이 되었다. 그런데 명학스님은 절의 논밭을 관리하는 소임을 맡아 보고 있었는데 해마다 천석을 거두어 들였다. 그렇게 부를 축적하여 마침내 돈을 주고 동지라는 벼슬을 사서 행세하게 되었고, 절 안에서도 백여 명의 권속을 거느리며 세력을 떨쳤다.

그러나 명학스님의 상좌인 영원스님은 은사스님이 축재하는 것에 실망하고 '중이 되었으니 부처님 가르침의 근본 뜻을 알아야겠다.'고 결심하고 범어사를 떠나 덕이 높은 선지식들을 참배하여 마음을 밝히는 수행에 정진하였다.

그러던 중 금강산에 들어가 수도를 하게 되었다. 하루는 고요히 선정(禪定)에 들어 있는데 금강산 남혈봉 밑에서 죄인 다스리는 소리가 천지를 뒤흔드는 듯하였다. 영원스님이 선정 속에서 가만히 살펴보니 시왕봉 아래서 염라대왕이 자기 은사인 범어사 명학스님을 잡아다가 문초하고 있었다.

명학스님이 죄가 없다고 주장하자 염라대왕은 호통을 치며 죄를 조목조목 따졌다. 스님이 되어 수행은 하지 않고 재물 쌓는 일에만 빠졌고, 절에서 남은 이익을 가로챘으며, 여색을 탐하였다는 것이었다. 명학스님이 그래도 승복하지 않자 염라대왕은 업경대를 가져오게 하여 명학스님이 생전에 지은 죄업을 낱낱이 보여 주었다. 그리고는 마침내 명학스님에게 구렁이의 과보를 받으라고 하면서 금강산 업경대 아래 금사굴에 가두었다.

영원스님은 선정에 들어 가만히 생각해 보았다.

'우리 스님이 평생 동안 수행은 하시지 않고 돈과 곡식만 탐하시더니, 죄업이 무서워 저런 죄보를 받으시는구나.'

그 뒤로 영원스님은 매일 세 번씩 금사굴 앞에 가서 눈물을 흘리며 진언(眞言)을 외어 드렸다. 그러자 진언의 위력으로 풀려났던지 하루는 금사굴의 구렁이가 홀연히 사라져 버리고 없었다. 영원스님이 다시 선정에 들어 살펴보니 명학스님은 아직도 다 떨쳐버리지 못한 탐욕의 업력으로 구렁이의 몸을 가지고 범어사 창고 가운데 누워 있었다.

그것을 보고 영원스님은 속으로 생각하였다.

'아, 불쌍하다. 우리 스님을 어서 구제해 드려야겠다.'

그리고는 사십구재 날을 짚어 범어사로 내려갔더니 수많은 상좌스님들과 여러 절의 스님들이 모여 있었다. 다른 상좌스님들이 영원스님을 보더니 빈정댔다.

"스님 생전에는 시봉하기 싫어서 공부합네하고 나가더니 어디서 스님 돌아가신 줄은 알았는지 논마지기나 타러 온 모양이군."

영원스님은 그러한 말에 개의치 않고 사십구재를 마치고 나서 죽을 끓인 뒤 죽 그릇을 손수 들고 가서 창고 문을 열어 보았다. 그리자 커다란 구렁이가 볏섬 사이에서 머리를 끄덕이고 있었다. 영원스님은 구렁이에게 말하였다.

"스님, 스님이 생전에 재물에 탐욕만 부리며 사람들에게 덕을 베 푸시지 않고 인과를 믿지 않아서 이런 과보를 받으셨습니다. 이 법 다운 음식을 받으시고 속히 해탈하십시오."

그러자 구렁이는 이 말을 듣고 몸을 움직여 일주문 밖으로 기어나 가더니 머리를 층계 돌에 세 번 부딪치고 그만 죽어 버렸다.

그래서 영원스님은 그 영혼을 인도하여 금강산으로 돌아왔다. 그런데 오는 길에 그 구렁이의 영혼은 짐승들이 교미하는 것만 보면 그리로 들어가려고 하였다. 영원스님은 겨우 겨우 그것을 말리며 구렁이의 영혼을 이끌고서 강원도 삼척 고을에 이르렀다. 그날 밤 영혼은 홀연히 시골 아낙네 전씨의 태중으로 들어갔다.

그 이튿날 영원스님은 전씨 부인을 찾아가 말하였다.

"이제 열 달 후에 반드시 귀한 자식을 낳을 터이니 일곱 살이 되 거든 나에게 맡겨 도를 닦게 하시오. 그때 내가 다시 와서 데려가겠 소."

그리고는 금강산 영원암으로 돌아와 도를 닦았다. 영원스님은 그 후 7년 되는 해에 약속대로 삼척 고을의 그 집을 찾아가서 아이를 데리고 영원암으로 돌아와 공부를 시켰다. 그러나 워낙 업력이 두 터워 좀처럼 깨닫지 못하자 영원스님은 아이를 뒷방에 가두어 두고 바늘로 문구멍 하나를 뚫어 놓고 말했다.

"이 구멍으로 큰 소가 들어와 네 목숨을 해칠 것이니 그 소가 들 어오나 안 오나 열심히 바라보고 있어라. 그래서 소가 오거든 못 들 어오게 막아야 한다."

그랬더니 그 소리를 믿고 아이는 소가 들어오나 안 오나 열심히 바라보았다. 그런 지 일곱 해가 되던 어느 날, 아이가 큰 소리로 외쳤다.

"스님, 스님! 창 밖에서 큰 소가 창구멍으로 들어오려고 해요."

그러자 영원스님은 아이가 깨달을 인연이 무르익어 감을 알고 아이에게 말했다.

"오냐, 가만히 앉아서 소가 못 들어오게 잘 지켜라."

아이는 더 열심히 창구멍을 지켜보는데 그 후 7일 만에 소가 구멍으로 들어오는 것을 보고 "앗!"하며 크게 깨쳤다. 아이가 깨치고 보니 고마운 전생의 상좌 덕분에 도를 깨친 것이었다. 이렇게 뒷방에서 깨쳤다 하여 '후원조사'라는 말이 있게 되었다.

한 승려의 꿈

한 사람이 승려 생활을 하는데 어머니를 그리워하는 마음이 간절하므로 꿈에도 평소의 마음을 따라 어머니를 뵈러 가는데, 길가에서 기생들이 노래하고 춤을 추며 놀고 있으므로 놀고 가기위해 들리려다가 어머니가 기다릴까 염려되어 그대로 가고 있었다.

또 한 곳에서는 사람들이 줄을 치고 광대를 쓰고 활을 쏘고 노는지라 또 거기를 들리려다가 어머니 생각을 하고 목적지까지 갔다. 보고 싶었던 어머니는 본동 만동 하므로 야속한 생각을 갖다가 깨어보니 꿈이었다.

그 후, 꿈에 갔던 길을 가며 살펴보니 처음 본 자리는 비단 개구리가 놀던 곳이요, 다음은 거미가 줄을 치고 놀던 곳이었다.

정산종사는 위의 예화를 말씀하시고 "이것은 그 사람의 영혼이 정견(正見)을 못하였던 까닭이다. 그러면, 한 영혼만이 그런 것이 아니라 우리 일생을 놓고 볼 때에도 순경(順境)에 자신도 모르게 사로잡혀 명예를 손상하고 그릇된 구렁에 빠지는 일이 많으니 수도인은 이 순경을 더욱 조심하여야 한다."고 하시었다.

위의 내용과 대동소이한 설화가 다음과 같이 전해오기도 한다.

가야산 해인사에서 있었던 일이다.

해인사 강원에서 공부하던 학인 스님들이 가을 수확 전에 잣나무 숲으로 잣을 따러 갔다. 그런데 그만 한 스님이 잣을 따다가 나무 밑으로 떨어져 숨이 끊어졌다. 그러나 그는 자신이 죽은 것을 알지 못했다. 한 순간 어머니가 생각났고 그 순간 이미 속가의 집에 들어서고 있었다.

그는 배가 고픈 채로 죽었기에 집에 들어서자마자 길쌈을 하던 누나의 등을 짚으며 밥을 달라고 했다. 그런데 누나가 갑자기 펄쩍 뛰며 머리가 아파 죽겠다는 것이다. 면목이 없어 한쪽 구석에 서 있는데, 어머니가 된장국을 풀어 바가지에 담아 와서는 시퍼런 칼을 들고 내두르며 벼락같이 고함을 지르는 것이었다.

"네 이놈 객귀야! 어서 먹고 물러가라!"

그는 놀라 뛰어나오며 투덜거렸다.

"에잇, 빌어먹을 집! 내 생전에 다시 찾아오나 봐라! 나도 참 별일이지. 중 된 몸으로 집에는 뭣 하러 왔나? 가자! 나의 진짜 집 해인사로……."

그가 다시 해인사로 가고 있는데 길옆 꽃밭에서 청춘 남녀가 풍악을 울리며 놀고 있었다. 그때 한 젊은 여인이 다가와 유혹했다.

"스님 놀다 가세요."

"중이 어찌 이런 곳에서 놀 수 있소?"

사양하고 여인의 욕설을 뒤로 한 채 발길을 재촉하는데 이번에는 수십 명의 무인들이 활로 잡은 노루를 구워 먹으며 함께 먹기를 권했다.

그들도 뿌리치고 절에 당도하니 재(齋)가 있는지 염불소리가 들렸다. 그는 소리가 나는 열반당 간병실로 가니 자기와 꼭 닮은 사람이 누워 있는 것이 아닌가? 그를 보고 발로 툭 차며 '어서 일어나거라' 하는 순간 그는 다시 이 세상으로 돌아오게 되었다.

그가 옆에서 슬피 울고 있는 어머니에게 물었다.

"왜 여기서 울고 계십니까?"

"네가 산에서 잣을 따다가 떨어져 죽지 않았느냐? 지금 장례준비를 하고 있다."

세상은 진정 일장춘몽이었다. 그가 다시 물었다.

"어제 누나가 아프지 않았습니까?"

"멀쩡하던 애가 갑자기 머리가 아파 죽겠다고 하여 바가지에 된장을 풀어버렸더니 살아나더라."

그는 문득 깨달은 바가 있어 무인들이 노루고기를 먹던 장소를 가 봤으나 그들의 자취는 없고 큰 벌집에 꿀을 따온 벌들이 열심히 드나들고 있을 뿐이었다. 다시 여인이 붙들던 곳으로 가보니 굵직한 뱀 한 마리가 똬리를 틀고 있었고 옆에 비단 개구리들이 모여 울고 있었다.

'휴! 내가 만일 청춘 남녀나 무사의 유혹에 빠졌다면 분명 개구리, 뱀, 벌 중 하나로 태어났을 것이 아닌가?' 하고 안도의 숨을 내쉬었다.

불무령, 불유령

소금장사를 하는 독실한 불교신도가 있었다. 소금을 팔아 이문이 남으면 샘에 던지기를 평생하면서 돈을 모아 불사(佛事)에 쓰리라 하던 중, 어느 날 절의 주지가 절을 중창한다며 시주(施主)를 하라고 했다.

소금장사는 환희심을 내어 모은 돈을 전부 시주하였다. 절이 중창되고 번창하였다.

그러던 어느 날 소금장사가 앉은뱅이가 되는 것이 아닌가. 사람들은 '절의 부처님이 영험이 없는 것이 아닌가.' 하고 수군거렸다.

주지스님은 앉은뱅이가 된 소금장사를 절로 데려가 같이 살았다. 그랬더니 어느 날 봉사가 되었다. 주지스님은 마음이 아팠다. 사람들도 부처님이 영험이 없다고들 하며 많이 떠나갔다. 그러던 어느 날 봉사는 벼락을 맞아 죽고 말았다.

주지스님은 너무도 허망하여 부처님이 참말로 영험이 없다고 외치면서 불당에 모셔진 불상을 도끼로 찍어 버렸다.

그런데 그 도끼가 한번 박히더니 빠지지를 않는 것이었다. 아무리 용을 써도 끄떡도 안 하였다. 주지스님은 줄행랑을 치고 말았고, 그 절은 불상에 도끼가 박힌 채로 폐허가 되고 말았다.

30여 년이 흐른 어느 날 고을의 원님이 부임하여 오다가 그 절을 지나가게 되었다. 황폐화된 절을 보고 의아해 하니, 고을 사람들이 불무령(佛無靈)의 전설을 들려주었다. 원님은 불상에 박힌 도끼를 뽑을 수 있겠다는 생각이 문득 들어 그 도끼를 쑥 빼보니 단번에 빠지고 말았다.

그런데 그 도끼가 빠진 곳에 글이 새겨져 있기를 '불유령(佛有靈)'이라 쓰여 있었다.

정산종사는 위의 예화를 말씀하시고 "불사에 시주한 공덕으로 다생에 받을 앉은뱅이, 봉사, 벼락 등의 삼세 인과를 한 생에 다 받은 것이다."고 하시었다.

불무령, 불유령의 이야기는 다음과 같이 전해오기도 한다.

고려의 대각국사 의천스님은 문종과 인혜왕후 사이의 넷째 왕자로 태어났다.

의천스님은 태어나는 순간부터 울기 시작하여 잠시도 울음을 그치지 않았다. 젖을 먹여도 보고 얼려 보아도 도무지 울음을 그치지 않았다. 왕자의 탄생을 기뻐하기도 전에 왕실은 근심에 휩싸였고 마침내 모진 병을 앓은 것이 아닌가 하는 염려와 근심 속에 어의(御醫)에게 진찰토록 했다. 어의가 진찰을 해도 아무런 이상이 없었다.

다시 한 번 진찰을 해 보아도 이상한 점이 없어 다행이나 문종과 왕비는 답답할 뿐이었다.

그런데 이상하게도 멀리서 은은하게 들려오는 목탁소리를 듣기만 하면 왕자가 울음을 딱 그치는 것이었다. 이를 이상하다고 여긴 문종은 어명을 내렸다.

"이것은 예삿일이 아니다. 저 목탁소리가 나는 곳을 찾아가 보도록 하여라."

이에 두 관리는 목탁소리가 들려오는 서쪽을 향해 길을 떠나 서해 바닷가에 이르자, 배를 타고 계속 서쪽으로 나아가 항주의 경호에 이르렀다. 그 호숫가에 이르자 절이라고 할 수 없는 조그마한 암자에서 목탁소리가 들려오고 있었다.

두 관리는 목탁을 치며 염불하는 스님에게 찾아온 까닭을 말하고 고려로 함께 가서 왕자의 병을 고쳐 달라고 간청했다. 그 스님이 말했다.

"그것 참 이상한 일이오. 어디 함께 가 봅시다."

스님은 고려로 와서 왕자를 만나 보았다. 그래도 왕자는 울음을 그치지 않았다. 이윽고 스님이 왕자를 물끄러미 내려다보다가 갑자기 두 손을 모으고 정중히 절을 하였다. 그런데 이게 웬일인가! 그렇게 울던 왕자가 울음을 뚝 그치는 것이 아닌가! 아니 방긋방긋 웃기까지 하는 것이었다.

이에, 문종이 스님에게 고맙다고 치하를 하면서 한 가지 걱정이 더 있다고 했다. 그 걱정은 왕자가 태어난 이후로 아직까지 왼손을 펴지 않고 있다는 것이다. 억지로 펴 보기도 했으나 도무지 펴지기가 않는다는 것이다. 이 말을 들은 스님이 말했다.

"그럼 소승이 한번 해보겠습니다."

스님은 천천히 왕자에게 다가가서 살며시 왕자의 왼손을 잡고 몇 번 쓰다듬었다. 그러자 왕자가 꽉 쥔 손을 활짝 펼쳤다. 그런데 활짝 펼친 조그마한 손에 불무령(佛無靈)이라는 세 글자가 뚜렷이 새겨져 있는 것이었다.

이 글을 보고 스님은 갑자기 왕자 앞에 끓어 앉아 흐느껴 울기 시작했다.

"스님, 스님! 우리 스님! 여기서 이렇게 뵐 줄은 꿈에도 몰랐습니다."

스님은 소리를 치며 울기 시작했다.

한참 울고 난 스님은 갑작스런 이 광경에 의아해하는 문종을 보며 말했다.

"참으로 기이한 인연입니다. 저의 스승께서 환생하시어 이 나라의 왕자님이 되셨으니……."

"그 말이 무슨 말이오?"

"저에게는 존경하고 따르던 스님 한 분이 계셨습니다. 그 분은 본래 가마를 메고 다니던 가마꾼이었습니다. 그런데 워낙 검소하여 번 돈의 일부를 쓰고 나머지는 반드시 우물에 던져 저축을 했습니다. 몇 십 년이 지나자, 우물은 돈으로 가득 차게 되었고 평소 불교를 숭상하던 그분은 경호 호숫가에 절을 짓고 스님이 되었습니다. 그분의 덕이 높고 불심이 아주 깊어 주위 사람들의 존경을 한 몸에 받았으며 저도 그분을 흠모하여 제자가 되었습니다. 그런데 정말 알 수 없는 일이 잇달아 일어났습니다. 스님은 절을 짓고 목탁을 두

드리며 기도 정진만 하였는데, 이상하게도 1년이 지나자 앉은뱅이가 되었고, 2년이 되어 장님이 되어 버렸습니다. 그리고 3년째 되는 어느 날, 벼락을 맞고 돌아가셨습니다.

그때 저는 너무나 기가 막혔습니다. 그래서 저는 불심이 깊고 염불과 기도 정진을 열심히 하신 스님을 이토록 허무하게 보내다니……. 과연 부처님의 영험이 있는 것인가? 부처님의 영험이 없는 것이 아닌가? 하며 깊은 회의에 빠졌습니다.

저는 도저히 허무한 마음을 누를 길이 없어 스님 왼손 손바닥에 부처님은 영험이 없다는 부처 불(佛)자, 없을 무(無)자, 영험스러울 영(靈)자인 불무령(佛無靈)이라는 세 글자를 새긴 뒤 장례식을 치렀습니다."

스님은 자신도 모르게 흐르는 눈물을 훔치며 이어 말했다.

"그 후에도 저는 스님에 대한 마음을 지울 길이 없어 날마다 스님이 생전에 쓰시던 목탁을 두드리며 명복을 빌었습니다. 그런데 우리 스님이 이렇게 바다 건너 고려 땅에서 왕자의 몸으로 환생할 줄이야……. 이제야 부처님의 참뜻을 알 것만 같습니다."

이러한 사연을 들은 문종은 몹시 감탄해 말했다.

"불무령이 아니라, 있을 유(有)자 불유령(佛有靈)이구려. 그 스님이 갖가지 어려움을 한꺼번에 받을 수 있었던 것이야말로 부처님의 영험이 아니고 무엇이겠소. 과거 현재 미래 삼생을 거쳐 받아야 할 전생의 죄 값을 3년 만에 모두 받았으니……. 이제 왕자가 모든 죄를 씻고 태어났으니 틀림없이 이 세상을 위해 큰일을 하게 될 것이오."

왕자는 뒷날 출가하여 대각국사 의천스님이 되었으며, 천태종을 새워 고려에 새로운 불교를 꽃 피웠다.

기다리다 패가망신

어렸을 때 같은 글방에서 공부를 한 두 친구가 있었다.

한 사람은 글공부를 잘하고 한 사람은 노래를 잘 불렀다.

공부를 잘한 사람은 재상이 되어 나루터에서 배를 타고 가는데 사공이 노래를 부르면서 노를 젓는다. 가만히 보니 동문수학했던 친구였다.

재상인 친구는 사공 친구에게 나중에 벼슬을 준다고 오라하였다. 사공 친구가 재상인 친구를 찾아 갔으나 재상인 친구는 공사가 다 망하여 영영 못 만나 벼슬을 못 얻고 돌아왔다. 사공은 친구가 불러 주기만을 기다리다 패가망신하고 말았다.

정산종사는 위의 예화와 내용이 대동소이한 아래와 같은 예화도 말씀하셨다.

옛날에 어떤 부자가 절에 시주하겠다고 스님에게 언약을 했다. 그러나 3년 동안 미루기만 할 뿐 약속을 지키지 않았다. 스님은 부자의 언약을 3년이나 기다리다가 결국은 포기하고 다른 사람의 시주를 얻어 불사를 했다.

부자는 다음 생에 뱃사공으로 태어났고 스님은 정승으로 태어났다.

정승이 하루는 강을 건너다가 뱃사공을 보고 전생 인연 같아 군수 자리 하나를 주겠다고 했다. 그러나 정승은 공사가 다망하여 3년을 미루기만 했다. 뱃사공은 정승 말만 믿고 기다리다 패가망신하였다.

김동거사와 여동빈

　김동거사와 여동빈은 서로 친구 사이였다. 여동빈은 자기가 학자임을 자부하며 계급차별로 김동거사를 업신여겼다. 그래서 김동거사는 여동빈의 아만심(我慢心)을 늘 걱정하였다.
　하루는 김동거사가 여동빈에게 좋은 산이 있으니 놀러가자고 청하였다. 그러자 여동빈은 찬성하고 바로 가자고 하였다. 한참 가니 들꽃이 만발하여 아주 경치가 좋은 곳에 다다랐다. 이곳에서 둘이 실컷 놀다가 보니 해가 저물었다. 이 산은 층암절벽으로 아래가 바다라 갈 길은 아득하였다.
　김동거사 하는 말이 "내가 가서 배를 한 척 청하여 오리다"하고는 나뭇잎을 타고 둥실둥실 떠가는 것이었다.
　홀로 남은 여동빈은 덜컥 겁이 났다. 그리하여 "어찌 나를 혼자 두고 가느냐! 괘씸하다."고 호령호령 하여 보았으나 김동거사는 모른척하고 아무 말 없이 자꾸 가고 있었다.
　여동빈이 이번에는 "대사! 대사! 나 좀 태워 주소"하고 애걸하여 보았으나 김동거사는 더욱 모르는 척 하고 가는 것이 아닌가! 그러니 여동빈은 정신이 없어 "대사님! 대사님! 날 좀 태워 주시오"하다가 "아저씨! 아저씨!"하다가 그래도 안 되겠다 싶어 "아버지! 아버지!"하고 목청껏 불러댔다.
　이때 집안에서 사람들이 가만히 들으니, 사랑에서 '아저씨, 아저씨' 했다가 또 '아버지, 아버지' 했다가 야단법석을 하는지라 가만히 다가가 문틈으로 보니, 여동빈은 낮잠을 자면서 꿈속에서 헤매고 있었던 것이다.

목침을 여러 개 쌓아 올린 위에 여동빈이 서서 그 야단을 하고 있는 것이었다. 집안사람들은 놀래어 방에 들어가서 "왜 이러십니까?"하고 흔들어 깨우니, 그때야 정신이 들어 주위를 둘러보았다. 그것은 한낮 꿈이었다. 이상히 여겨 여동빈은 바로 김동거사를 찾아가 그 꿈 이야기를 말하고 그 뜻을 물었다.

김동거사 말하였다.

"당신이 아상(我相)이 많아서 산이 높아 보였고, 욕심이 많아서 욕심바다로 빠져 들어간 것이요. 고로 당신이 아상산(我相山)을 없애고 욕심바다를 건너면 후일에 훌륭한 사람이 될 것입니다."

그 후 여동빈은 김동거사의 제자가 되어 정진하여 훌륭한 도인이 되었다.

정산종사는 위의 예화를 말씀하시고 "이와 같이 모든 사람이 제가 잘나고, 저 혼자 똑똑하고, 세상에 저 혼자만 난체한다.

오늘 여기에 말한 이야기의 강령은 아상산을 없애고, 욕심바다를 건너라는 것이다."고 하시었다.

바쁘다 스님

옛날 어느 절의 스님이 일상 기거동작에 항시 "바쁘다, 바쁘다" 하여 '바쁘다 스님'이라는 별명을 얻는 동시에 대중들의 조소거리가 되었다.

그러다가 우연히 그 스님이 병이 들어 열반하게 되었다. 화장을 마치고 돌아와 한 스님이 말했다.

"주야장천(晝夜長川)에 끔찍이도 바쁘다 바쁘다고 하더니 이제는 또 어디 가서 바쁘다고 할 것인가."

그러자 공중에서 "그럼 아니 바빠, 지금은 더 바쁘다." 하는 소리가 들렸다.

정산종사는 위의 예화를 말씀하시고 "남 보기에는 별일 없이 놀면서 공연히 바쁘다고 한 것 같지만 사실은 간단없는 숨은 공력, 즉 일심공부를 계속 하였기 때문에 그만한 신통까지 나타나게 되었을 것이다."고 하시었다.

유마거사와 사리불

옛날 영산회상에서 사리불(舍利佛)이 수하(樹下)에서 선(禪)을 할 때 유마거사(維摩居士)가 물었다.

"네가 무엇을 하느냐?"

"선을 합니다."

"선을 한다니 그러면 유심(有心)으로 하느냐, 무심(無心)으로 하느냐? 유심으로 할진대 일체 중생이 다 선을 하고 있음이요, 무심으로 할진대 산천초목이 모두 선을 하고 있지 않느냐?"

유마거사의 물음에 사리불이 답을 못 하였다.

정산종사는 일원상 서원문의 '유무초월(有無超越)의 생사문(生死門) 인바'를 설명하시면서 "한 가지로 이름하여 유(有)라고 하자니 무(無)의 상대가 있고, 무라고 하자니 유의 상대가 있으므로 유다 무다 할 수 없는 유와 무의 경계에서 한 걸음 나아가 유와 무를 나누기 전의 초월 지경인 것이다. 그러한 까닭에 유무초월의 생사문이다."고 하시었다.

유마거사와 사리불에 대한 이야기가 〈유마경〉에는 다음과 같이 전하고 있다.

유마거사가 병에 걸려 신음하고 있을 때에 세존께서 사리불에게 이르셨다.

"사리불이여, 유마의 문병을 다녀오지 않겠는가?"

"세존이시여, 저에게는 유마를 문병할 능력이 없으니 문득 다음과 같은 일이 생각나서입니다.

언젠가 나무 아래에 앉아서 선정(禪定)에 들어 있을 때의 일이었습니다. 유마가 제게 다가오더니 이렇게 말하는 것이었습니다.

'대덕 사리불이시여, 그대가 좇고 있는 것은 단지 그 방법일 뿐 좌선은 결코 수행의 대상이 될 수 없습니다. 원래 몸도 마음도 삼계(三界)가운데 그 모습이 내비치지 않도록 해야 참다운 좌선인 것입니다. 멸진경(滅眞境)에 들어 있는 그대로 행주좌와를 내보이는 그런 좌선을 행하소서. 이미 획득한 성자로서의 위의를 잃지 않으면서 평범한 사람들의 성품마저 지니는 그런 좌선을 행하소서. 그대 마음이 안도 아니고 바깥 사물에도 향하지 않도록 좌선을 행하소서. 그릇된 견해까지도 무시하지 않고 37조도품 위에 모습을 나타내는 그런 좌선을 행하소서. 윤회를 부르는 번뇌마저 끊지 않고 그대로 열반에 드는 그런 좌선을 행하소서. 대덕 사리불이시여, 누구인가 이미 그러한 좌선을 행하고 있다면 세존께서는 반드시 그를 진정한 좌선인(坐禪人)이라고 부르실 것입니다.'

세존이시여, 당시 저는 그가 설하는 이 같은 진리를 듣고 일언반구도 대꾸할 수가 없었습니다. 그러기에 저는 저 고매하신 유마의 문병은 엄두조차 낼 수가 없는 것입니다."

약산선사의 무언설

약산선사(藥山禪師)는 평생 무언설(無言說)을 하시었다.

어느 날 제자들이 설법을 청했다.

선사가 "법상(法床)을 차리라."하고 법상에 올라가서는 장시간에 일자무설(一字無說)하고 내려오므로 청중이 하도 허망하여 말하였다.

"어찌하여 설법을 아니 하시고 내려오십니까?"

"나는 법을 다 설하였노라."

제자가 다시 여쭈었다.

"무슨 법을 설하셨사옵니까?"

선사가 말하였다.

"언어의 설법을 듣고 싶거든 강사(講師)를 찾아가고, 계율을 듣고 싶거든 율사(律師)를 찾아가라. 나는 선사이기에 선(禪)을 설했노라."

정산종사는 위의 예화를 말씀하시고 "석존께서도 49년간 설법을 마치시고 꽃가지를 들어 언어도단(言語道斷)의 자리를 교시(敎示)하였다."고 하시었다.

약산선사의 무언설에 대하여 다음과 같이 전해지기도 한다.

약산선사는 깨달음을 얻은 후로 절을 떠나 시골 외양간에 묻혀 살았다. 그러나 선사를 따르는 제자들이 모여들어 외양간이 곧 절이 되었다. 그러나 약산선사는 통 말이 없었다.

하루는 스님들의 요청에 못 이겨 설법을 하겠다고 허락했다. 약산선사가 설법을 허락하자 대중들은 기쁨에 겨워 종을 치고는 모여들었다. 정작 대중이 모이자 선사는 문을 쾅 닫아 버리고 안으로 들어가 버렸다. 대중들은 화가 나서 소리쳤다.

"스님! 설법을 허락하셔 놓고 이제 와서 왜 그러십니까?"

방 안에서 선사의 목소리가 들렸다.

"경전에는 경사(經師)가 있고, 논설에는 논사(論師)가 있고, 계율에는 율사(律師)가 있는데 나에게 뭘 말하라는 건가?"

며칠 뒤 약산선사가 법당에 올라오니 어떤 스님이 물었다.

"스님은 누구의 법을 이으셨습니까?"

대중들은 으레 '석두선사(石頭禪師)의 법을 이었노라' 하는 대답이 나오리라 여겼다. 석두선사의 제자이기 때문이다. 그러나 선사의 대답은 엉뚱했다.

"오래된 법당 안에서 글귀 한 줄을 주웠지!"

그 스님이 다시 물었다.

"무어라고 쓰여 있는 글귀인가요?"

이에 약산선사가 말했다.

" '그는 나를 닮지 않고 나는 그를 닮지 않았네.' 하는 글귀였는데, 내가 그 말의 뜻을 얼른 알아들었지."

과거심도 불가득

 옛날 덕산선사(德山禪師)는 참선을 잘하는 선사였는데 항상 강사(講師)를 시원찮게 보고 강사들도 언제나 덕산선사를 시원찮게 여기는 사이였다.
 그런데 어느 날 강사 한 사람이 덕산선사를 골려 주려고 가는 길에 주막에 들어 점심을 청하니, 주인 노파가 경전을 짊어진 강사를 보고 물었다.
 "그것이 무엇입니까?"
 "금강경입니다."
 그러자 그 노파가 다시 "그 경전이 금강경이라고 하니 내 한 말씀 물어봅시다."하면서 강사를 향해 말했다.
 "과거심(過去心)도 불가득(不可得)이요, 현재심(現在心)도 불가득(不可得)이며, 미래심(未來心)도 불가득(不可得)이어든 하처(何處)에 점심(點心)코?"
 그 강사가 대답을 못하고 탄식하며 말했다.
 "덕산선사가 사는 절의 동리 입구에 사는 노파가 저 정도일진대 덕산선사야 말할 것이 무엇이냐"
 그리고 똥 빠지게 도망갔다.

 덕산선사의 이야기는 다음과 같이 전해지기도 한다.

덕산이 아직 촉(蜀)에 있을 때였다. 자신이 대단한 불교학자임을 자처하고 있을 때 남방(南方)에 불립문자(不立文字)의 선종(禪宗)이 성행한다는 소문을 듣고 늘 화가 나 있다가 어느 날 자신이 직접 쓴 《금강경청룡소초(金剛經靑龍疏鈔)》를 바랑에 넣고 남쪽으로 떠났다.

가는 도중 예주(澧洲)에서 배가 고파 한 노파가 팔고 있는 떡을 사 먹고 나서 물었다.

"떡값이 얼마 입니까?"

노파는 덕산을 힐끔 쳐다보더니 떡값은 말하지 않고 되물었다.

"등에 지고 있는 것이 무엇이오?"

"예, 《금강경청룡소초》라는 책입니다."

덕산의 말에 노파는 다시 한 번 힐끔 쳐다보고 말했다.

"내 묻는 말에 대답하면 떡값은 안 받겠소. 《금강경》에 보면 '과거심도 얻을 수 없고, 현재심도 얻을 수 없고, 미래심도 얻을 수 없다.' 했는데 스님은 어느 마음에 떡을 드셨습니까?"

노파의 이 물음에 덕산은 말문이 꽉 막히고 말았다. 《금강경》에 통달했다는 덕산이 노파에게 처음으로 우롱을 당했던 것이다.

허망하고 싱거운 법문

 부처님 당시에 어떤 국왕 한 분이 부처님께서 무소부지(無所不知)하시고 전지전능(全知全能) 하시다는 소문을 듣고 어느 날 만조백관을 거느리고 부처님을 찾아뵙고 불법의 적적대의(的的大意)를 여쭈었다.
 국왕은 부처님께서 특별한 법문을 하실 것으로 기대했으나 무척이나 기대 밖의 말씀을 하였다.
 "국왕께서는 호도래(好道來)하시어 호도거(好道去)하소서!"
 국왕은 부처님의 이 법문을 듣고 얼마나 허망하고 싱거운지 그 법문을 듣고 돌아가는 국왕 자신도 그렇게 싱거울 수가 없었다.
 훗날에야 국왕은 부처님의 그 법문을 깨치고 환희 용약하였다.

 정산종사는 위의 예화를 말씀하시고 "내가 생각하기엔 그런 큰 법문이 없도다.
 이 법문은 생각할수록 의미가 깊은데 '사람 몸 얻기가 어려운데 사람의 몸을 얻었을 뿐 아니라, 사람 가운데 결함 없는 몸을 얻었고, 그중에 국왕(國王)이 되었으니 과거 생을 어떻게 닦았을진대 그렇게 되었는가. 오직 좋은 길로 왔으니 갈 때에도 금생(今生)과 같이 육도윤회(六途輪回)할 때 인신(人身)을 받고, 더욱 악도타락(惡道墮落)되지 않는 것보다 더 큰 일이 있겠는가?' 하고 생각해 보면 참으로 큰 법문이 아닐 수 없는 것이다.

그러므로 부처님께서 국왕을 보고 과거 생에도 잘 짓고 왕이 되었으니 곧 호도래(好道來)하였고, 갈 때에도 호도거(好道去)하소서 라는 말은 금생에 국왕의 고귀한 지위로 있지만 아차하면 인신(人身)을 잃는다면 지은 그대로 육도윤회를 할 터이니 갈 때도 호도거(好道去)하소서 한 것이다.

의미 깊은 이 법문을 우리는 항상 명심(銘心)할 지어다."고 하시었다.

세존과 농부

농부들이 오전의 일을 끝내고 점심을 먹고 있는데 세존께서 밥을 비르시니 농부가 말하였다.
"일을 하지 않고 걸식(乞食)을 구하니 줄 수가 없습니다."
"나도 농부의 한 사람이니라"
"무슨 말씀, 거짓말을 하지 마시오."
"그래도 나는 밥을 빌겠소."
"일을 하지 않은 자에게는 밥을 줄 수가 없습니다."
"나도 농부의 한 사람이라오."
"망어(妄語)를 하지 마시오."
"지금도 농사를 짓고 있건만 그대가 알지 못할 뿐이오."
세존께서 농부와 이야기를 하는데, 시간이 흐르자 다른 농부들도 모여들었다. 세존께서 '때는 이 때다' 하여 기회를 놓치지 않고 조금 높은 언덕 위로 오르시어 말씀하셨다.
"여러분들이나 내가 동일한 농부로되, 나는 세계 인류의 머리 가운데 있는 심전경작(心田耕作)의 농부이니라. 사람의 육체는 여러분들이 심고 가꾸는 오곡으로 된 음식을 요구하는 반면 사람의 정신도 역시 양식을 구하나니 그것은 바로 진리요, 법이요, 정의요, 도덕이요, 종교요, 철학이요, 신앙이니라. 이러한 까닭에 그대들은 토전(土田)을 경작하지만 나는 그대들의 심전(心田)을 경작하나니라."

미맹(迷盲)과 우치(愚癡)를 제거하고, 지혜와 정견을 넣어주며, 파렴치한 자에게는 참괴(慚愧)의 정신을 넣어주고, 불의(不義)한 자에게는 정의를 가르치며, 미신자(迷信者)에게는 정신(正信)을 지도하고, 탐욕 한 자에게는 무욕(無慾)의 방법을 가르쳐서 고를 벗어나 낙을 얻게 하고 길이 안심입명(安心立命)을 얻게 하려고 풍우(風雨)를 불피(不避)하고, 한서(寒暑)를 불관(不關)하며, 남선북마(南船北馬)에 편안할 날이 없이 다니노라." 하신 후 또 "양자불교(養子不敎)면 여양호랑(如養虎狼)이요, 양녀불교(養女不敎)면 여양저양(如養猪羊)이니라."

세존이 말을 마치니 모여든 농부 중에 감심(感心)하지 않는 자가 없었다.

정산종사는 위의 예화를 말씀하시고 《아함경》에 나오는 "신심위종자(信心爲種子)하고, 고행위시우(苦行爲時雨)하며, 지혜위여액(智慧爲黎軛)하여, 참괴심위원(慚愧心爲轅)하노라.

신심으로써 도의 종자를 삼고, 실천궁행의 고행으로써 그 종자를 윤생(潤生)시키는 시우(時雨)를 삼으며, 그 종자를 길러내는 지혜로써 밭 갈고 제초하는 보습과 호미의 도구를 삼고, 부끄러워하는 참회심으로 밭을 가는 소의 멍에와 수레의 체를 삼 나니라."고 하시었다.

언덕 있게 하라

　부처님의 회상에 한 제자가 있는데 법문을 들으러 오려면 강을 건너야 했다. 그런데 강을 건네주는 사공을 부를 때에 '사공아' 라고 부른 즉 사공이 듣기 곤란하였으나 직접 말은 할 수 없고 해서 부처님에게 그 제자의 말을 하였다.
　부처님께서 들으시고 제자에게 말했다.
　"앞으로는 '사공!' 하고 부르고, '사공아!' 라고 부르지 말라. 말은 먼저 언덕(言德)있게 하라."
　그러나 그 제자는 도리어 사공이 부처님에게 일러서 그리한다 하고 더욱 화가 치성하였다.
　후에 부처님은 그 제자를 세 번이나 꾸짖고 법문을 하여 주셨다.

　정산종사는 위의 예화를 말씀하시고 "방아실에서 일하는 동자가 육조대사(六祖大師)인 줄을 누가 알았으며, 내소사 공양주가 부처인줄을 누가 알았으리요. 육도중생이 개유불성(皆有佛性)이라 하니 어느 때에 성불할 줄을 아느냐? 그러므로 말을 하더라도 항상 자비심으로서 언덕(言德)이 있게 하라."고 하시었다.

아난존자의 견성

아난존자(阿難尊者)가 49년간 부처님의 총애를 받고 항상 모시게 되므로 법문도 제일 많이 듣게 되어 다문(多聞)제일이라고 하였다.

얼마 안 되어 부처님께서 열반하시면서 가섭존자(迦葉尊者)에게 정전(正傳)의 심인(心印)을 전하는지라 아난존자 생각에 '가섭존자가 아무리 심인을 받았으나 경전(經典)을 결집(結集)하는 데에는 반드시 나를 상좌(上座)로 모실 수밖에 없으리라' 하고 혼자서 자만하고 있었다.

가섭존자는 벌써부터 아난존자의 심리(心理)까지 잘 알고 있었기에 아난존자를 결코 청(請)하지 않았다. 이에 아난존자는 기다리다 못하여 자진(自進)하여 찾아가 큰 소리를 쳤다.

"내가 아니면 경전의 결집을 못할 것이다."

그러나 가섭존자는 전혀 들은 체도 않고 오히려 아난존자를 쫓아내 버렸다.

아난존자는 하도 기가 막히고 쫓겨난 분함을 참을 수 없어 7일(七日) 7야(七夜)를 용맹 전진했는데 오히려 그것이 원인이 되어 마침내 견성(見性)을 하게 되었다.

정산종사는 위의 예화를 말씀하시고 "우리는 어떠한 경우에도 더욱 용맹 정진하지 않으면 안 된다."고 하시었다.

아난존자 법문 들을 땐

아난존자는 법에 대한 지극한 마음을 가졌다.

언젠가 아난에게 발치가 나서 사위원(舍衛園) 비바라는 전의(殿醫)에게 보였다.

전의는 발치를 보고 다른 제자에게 말했다.

"칼로 째야 합니다. 쨀 때는 대단히 아플 것입니다."

한 제자가 말했다.

"아난은 법문을 들을 때는 귀 하나를 떼어가도 모를 지경이니 그 때를 이용하지요."

그 후 부처님께서 법문을 설하실 때 칼로 째서 아난을 치료하였다.

정산종사는 위의 예화를 말씀하시고 "법을 듣는 이가 돈독한 신심과 갈망지심(渴望之心)을 가지고 들어야만 소득이 있는 것이다. 지극한 정성을 가지고 귀의(歸依)하는 마음으로 한마디의 말씀도 빼지 않고 들어야 실다운 이익을 얻을 것이다."고 하시었다.

송광사 공양주

옛날 순천 송광사에 늙은 공양주가 평소에 어리석은 듯하였다. 어느 날 아침에 스님들이 귀하게 여기는 잣나무 한 그루를 갑자기 베어 버리는지라 모든 스님들이 경책(警責)을 하였다.

그런데 그날 낮에 순천에서 원님이 차사(差使)를 보내 왔는데 내용은 이러하였다.

"며칠 전에 내가 그곳에 갔을 때 경내에 아름다운 잣나무 한 그루가 있었으니 그것을 잘 캐어 수일 내로 동헌 앞에 옮겨 심도록 하라."

만일 그 나무가 있어서 순천까지 옮겨 심으려면 얼마나 큰일인가! 그때서야 모든 스님들이 공양주 노인에게 사죄를 하였다.

"몰라 뵈어 죄송합니다."

"내가 모르고 한 일인데……."

공양주는 겸손해 하더니 그 후 며칠이 지나 어디로인가 가버렸다.

정산종사는 위의 예화를 말씀하시고 "이는 꼬리가 잡히면 자취를 감추는 도인의 처사니라."고 하시었다.

내소사 공양주

내소사란 절에는 중들이 어찌도 많이 사는지 월급을 주고 공양주를 부릴 정도였다. 하루는 더벅머리 총각이 오더니 말했다.

"나는 돈을 안 주어도 좋으니 틈틈이 고승석덕(高僧碩德)들의 법문만 듣게 해 주십시오."

더벅머리 총각이 사정해 함께 살게 되었다.

공양주 총각은 뭐가 그리 기쁜지 나무할 때도 싱글벙글, 아궁이에 불을 때면서도 싱글벙글, 밥을 하고 청소를 하면서도 싱글벙글, 항상 즐거운 마음으로 일을 하였다.

승려들은 무보수로 공양주 노릇하는 총각을 보고 '중도 아니고 속인도 아니다.'고 비아냥거렸다.

공양주 총각은 그때마다 "나야 밭에서 죽으면 밭 임자가 치울 것이요, 산에서 죽으면 산 임자가 치울 것이며, 물에서 죽으면 물 임자가 치울 것 아니오?"라고 말했다.

그는 중 노동을 감내하면서도 약속대로 고승들의 법문만은 다 청법(聽法)하였다.

스님들은 시주받고 노는 것 등으로 세월을 보낼 뿐 누구하나 하찮은 공양주에게 눈을 돌리지 않았다.

여러 해가 지난 어느 날, 갑자기 공양주가 아무 말 없이 사라져 버리자 스님들은 공양주를 찾기 시작하였다. 무슨 영문인지 몰라 궁금했기 때문이었다.

 그때 대웅전 뒤 담장 옆에서 서기(瑞氣)가 방광(放光)했다. 스님들이 모두 서기가 방광하는 곳으로 달려가 보니 더벅머리 공양주는 이미 앉은 채 열반에 들었다.

 그제야 스님들은 공양주가 큰 도인이었다는 것을 알았다.

 정산종사는 위의 예화를 말씀하시고 "대종사님께서는 '내소사 공양주의 정신을 닮으라.' 고 당부 하시면서 내소사 공양주를 여래(如來)라고 하셨다."고 하시었다.

내소사 스님의 종기

 내소사에 한 스님이 우연히 얼굴에 종기가 나서 여러 가지 약을 써 보았으나 낫지 않고 고민하던 중 이러한 이야기를 듣게 되었다.

 절 아래 마을의 나무꾼들이 산에 나무를 하러 가면 스님이 나타나서 절의 산이라 하여 나무해 가는 것을 엄하게 제지하였으므로, 그 나무꾼들이 원심(怨心)이 가득하여 나무로 사람 하나를 깎아 세워두고 '이것이 내소사 중이다' 라고 이름을 붙여 놓은 다음 산에 나무를 하러 갈 때마다 한 차례씩 때렸다는 것이다.

　이 사실을 알고 스님은 과거에 자기의 처사가 너무 과하였음을 깨닫고 그 나무꾼들을 모두 절로 초청하여 술과 떡을 대접하고 서로 사화(私和)를 하였더니 그 종기가 약을 쓰지 않고도 절로 나아버렸다.

　정산종사는 위의 예화를 말씀하시고 "이처럼 형상 없는 마음이나 천지 기운은 보이지 않는 가운데 크게 작용하고 있음을 알아서 운심처사(運心處事)에 신중을 기하여야 할 것이다."고 하시었다.

　내소사에는 일주문 앞에 할매(할머니) 당산나무와 절 안에 할배(할아버지) 당산나무가 있다. 위의 예화와 직접 연관이 있는지는 알 수 없으나 내소사 인근 주민들이 재물을 준비하고 내소사 스님들이 주관하여 할매 당산나무 앞에서 정월 보름에 당산제를 오래전부터 지내오고 있다.

제2부
오백생 여우 보

부처님께서는

이치에 의지하여 방편을 내시었다.

부처님 말씀을

방편이니 소용없다고 우기는 자는

참으로 큰 죄를 받는다.

모르는 것을

아는 척하고 가르치면 오히려 큰 죄악이 된다.

진묵대사의 공양

　진묵대사가 길을 가다가 어느 절에 들어가서 "시장하니 밥을 좀 달라" 하였으나 조금도 주지 않고 종만 치고 자기들만 다 먹어 버렸다.
　또 진묵대사가 구정물 통에서 밥알을 주워 먹으니 그것도 빼앗아 변소에다 버리므로 진묵대사는 할 수 없이 봇짐을 지고 밖으로 나오자 이때 천지가 '우지직' 하며 날벼락을 때렸다.
　진묵대사는 "앞으로 이 절은 300년간 빈천 보를 면하지 못할 것이다."고 말했다.

　정산종사는 위의 예화를 말씀하시고 "부처님에게 죄를 지으면 하늘에서 그 죄벌을 받게 된다. 왜냐하면 진리를 깨달으신 분은 천지 기운과 부합이 된 분이기 때문이다."고 하시었다.

삼백년 빈천 보

　진묵대사는 늘 곡차 마시기를 좋아하였다. 그러나 '곡차(曲茶)'라 하면 마시고 '술'이라고 하면 마시지 않았다.
　하루는 모악산 대원사의 어떤 중이 잔치를 베풀려고 술을 거르는데 그 향기로운 술 냄새가 퍼지자 진묵대사는 구장(鳩杖)을 짚고 가서 그에게 물었다.
　"스님이 거르는 것이 무엇인가?"
　"술입니다."
　진묵대사는 잠자코 들어왔다가 다시 가서 물었다.
　"그대가 거르는 그것이 무엇인가?"
　중이 조금 전과 똑같이 대답하자 진묵대사는 또 무료히 돌아왔다. 조금 있다가 진묵대사는 또 가서 물었다. 그러나 중은 끝내 '곡차'라 하지 않고 "술 거른다."고 대답했다.

　정산종사는 위의 예화를 말씀하시고 "대인(大人)과 성인(聖人)을 몰라보고 무례하게 한 죄는 무형한 가운데 받게 되는 것이다. 삼계의 대권을 가지신 분은 우주의 대권도 잡으신 분인데 이 대권을 잡기로 하면 음부(陰府)의 허락 없이는 안 된다. 대 회상을 열게 될 때에는 음부의 허가가 있어서 믿게 되는 것이며, 진리의 위력을 입게 될 때에도 음부의 공의(公議)로써 이루어지는 것이다."고 하시었다.

황금과 녹이 같은 이치

 옛날 한 스님이 암자에서 은거하고 있는데 하루는 고양이가 저를 따라 오라는 몸짓을 하므로 이상히 여겨 가본즉 황금이 많이 있었으나 부당한 재물이기 때문에 그대로 덮어 두고 돌아왔다.
 그 후, 여러 해가 지나서 그 스님은 세속에 나와 높은 벼슬자리에 올라 국사(國事)에 전력하다가 노쇠하여 다시 암자에 돌아와서 정양하였다.
 그러던 어느 날, 스님 한 분이 찾아와 절을 짓기 위하여 기금희사를 청하므로, 그 전에 덮어 두었던 황금을 파내어 주면서 그 값을 헤아려 보니 벼슬할 때 받은 녹(祿)과 액수가 서로 같았다.

 정산종사는 위의 예화를 말씀하시고 "여러분은 이 도인의 처사를 본받아 부당한 재물을 취하지 말며, 또 그 황금과 녹이 서로 액수가 같은 이치를 생각하여 보라."고 하시었다.

유점사 53불

　인도에서 부처님 멸후 900여 년경에 불교가 중국에 건너오기 60년 전에 문수보살이 53불을 조성하여 배에 띄우면서 인연 있는 국토에 가라 하였다.
　배가 중국 낙양에 와서 닿아 배에 있는 부처님을 잘 모셨으나 꿈에 세 번이나 나타나 '여기는 인연이 없으니 나는 인연 있는 곳으로 가리라' 하여 다시 배를 띄웠다.
　그리하여 그 배가 조선에 닿으니 노춘(盧偆)이란 사람이 왕에게 고하여 53불을 금강산 유점사(楡岾寺)에 모셨다.

　정산종사는 불교가 조선에 인연이 깊은 예에 대하여 말씀하시는 중 위의 예화를 말씀하시고 "나옹대사, 진묵대사 등 석가모니 부처님의 후신(後身)이 많이 나셨고, 16국사(十六國師)와 같은 도인이 많이 나셨다. 또 천 년간은 환영을 받고 오백 년간은 배척을 받았다. 그리고 진묵대사가 제자를 데리고 다리를 건너갈 때 물에 비친 그림자를 보고 '내 그림자가 석가모니불의 그림자인 줄을 모르는구나!' 하셨다. 나옹대사 역시 그러하였다."고 하시었다.

　유점사(楡岾寺) 53불의 연기와 관련된 설화가 다음과 같이도 전해진다.

고려 민지(閔漬, 1248~1326)의 기문(記文)에 기록이다.

석가모니 부처님이 열반에 든 뒤 인도 사위성의 사람들은 생전에 부처님의 모습을 재현하기위해서 금을 모아 53위의 불상을 조성한 뒤 이를 배에 태우고 바다에 띄우면서 인연이 있는 나라에 갈 것을 발원했다고 한다.

이 배는 신용(神龍)에 의해 바다를 향해하다가 월지국(月氏國)에 닿았는데, 왕이 이 불상들을 공경하여 전당을 짓고 봉안했으나 원인모를 불이 나서 전각이 탔다. 왕이 다시 전당을 짓고자 했으나 꿈에 부처님이 나타나서 '이곳을 떠날 것이니 수고하지 말라.' 하고 만류하므로, 이 53위의 불상을 다시 배에 태워 바다에 띄웠다.

이 배는 900년 동안 여러 나라를 떠다니다가 신라의 안창현(安昌縣) 포구에 닿았다. 현관(縣官) 노춘이 나가보니 불상들은 없고 바닷가의 나무 잎새가 모두 금강산을 향해 뻗어있기에 발길을 그쪽으로 돌렸다. 더욱이 흰 개가 나타나서 앞장을 서기에 따라가자 큰 느티나무가 서있는 못가에 53위의 불상이 있었다.

왕이 이 사실을 듣고 찾아가서 그 땅에 절을 짓고 유점사라 했다.

1945년 8.15광복 이전까지 53위 중 3위가 없어지고 50위가 남아 있었다.

백파선사, 서고청

　백파선사(白波禪師)가 절에서 공부하는 학생일 때의 일이다.
　공부하는 학생들이 모이어 모닥불을 피워놓고 노는 사이에 백파는 그 화광(火光)으로 공부에 전일하였다. 공부하는 것을 백파의 지도 선생이 보고 뭔가 짐작되는 바가 있어 백파를 공부하는 곳으로 보내어 큰 선사로 성공시켰다.

　옛적에 서고청은 천인(賤人)의 아들로 도덕(道德)이 높았다. 그는 상전(上典)들이 공부하면 마루 밑에서 들으며 공부를 하여 나중에는 상전들이 오히려 서고청에게 배우러 왔다.

　정산종사는 위의 예화 두 가지를 말씀하시고 "이와 같이 어느 때든지 쉬지 않고 일심(一心)을 들여 노력한다면 어떠한 사람이라도 크게 목적한 바를 이루게 될 것이다.
　여러분은 어느 때든지 공부에 정성들이는 마음을 놓지 말고 정진 불퇴할지니라."고 하시었다.

백은선사의 부동심

백은선사(白隱禪師)는 일본의 고승이다.

백은선사는 언제나 부동심(不動心)을 양성하여 억천만 경계를 지내되 조금도 마음의 요동이 없었다.

백은선사가 사는 그 절 부근에는 늑대가 많았다. 밤이면 마을에 내려와 짐승은 물론 사람까지 해쳤다.

선사는 이를 염려하여, 늑대가 자주 나타나는 산꼭대기에 올라가 좌선을 시작하였다. 늑대의 무리가 달려들어 흔들고 건드리고 밀어뜨리고 잡아 뜯고 하기를 3주야(三晝夜)를 계속하여도 선사는 조금도 요동함이 없자 할 수 없이 물러갔다.

이것을 보고 군랑후리(群狼後裏)의 선(禪)이라 한다.

정산종사는 백은선사에 대한 다음과 같은 예화도 말씀하셨다.

백은선사가 배를 타고 어느 곳을 가는데 도중에 폭풍을 만나게 되었다.

배의 돛대가 바람에 부서지는 등 생명에 위험을 느끼자 배에 탄 사람들 중에는 하늘에 기도하는 사람, 넋을 잃고 우는 사람 등이 있었다.

그러나 백은선사는 코를 골며 잠만 자다가 깨어나 보니 목적지인

항구에 배가 닿았다.

정산종사는 위의 예화를 말씀하시고 "부동한 정력에는 어떠한 해악의 미물이나 늑대도 물러가는 법이니라. 이와 같이 우리 공부인들도 어떠한 폭력 어떠한 공습이 몰아친다 할지라도 심신의 부동심을 양성하여야 된다."고 하시었다.

한 사문의 나무아미타불

한 사문(沙門)이 강을 건너면서 '나무아미타불'을 열심히 부르고, 건너와서는 '아미타불이고 뭐고 다 쓸데없다.' 하고 살펴보니 보따리를 놓고 왔다.

사문은 도로 '나무아미타불'을 부르면서 보따리를 가져오다가 강에 빠져 죽었다.

정산종사는 위의 예화를 말씀하시고 "그러므로 평상심(平常心)을 가져야 한다."고 하시었다.

달마대사와 혜가대사

　달마대사는 숭산 소림사에 들어가 9년 동안 참선만 하였다. 이때 그의 심법을 이을 혜가대사를 만났다.
　혜가는 원래 노장학(老莊學)을 익히다가 40세가 넘어 달마대사를 만나 스승으로 섬겼다.
　혜가는 소림사에 와서 매일 법을 물었으나 달마대사는 전혀 입을 열지 않았다.
　하루는 혜가가 '옛 사람들은 법을 구하기 위해 자신의 목숨도 아끼지 않았는데 나 또한 무엇을 아끼랴' 이렇게 생각했다.
　달마대사의 방문 앞에서 밤새 눈을 맞으며 꼼짝도 않고 날을 새웠다. 날이 새자 그제야 달마대사가 혜가의 모습을 보고 말했다.
　"너는 눈 속에 서서 무엇을 구하려 하느냐?"
　혜가는 곳곳이 선체 눈물을 흘리며 말했다.
　"바라옵건대 감로(甘露)의 문을 활짝 열어 뭇 중생을 널리 건져 주소서."
　이에 달마대사가 말했다.
　"부처님들의 위없는 지혜는 여러 겁을 수행해야만 얻어지는 것이다. 너의 작은 뜻으로는 큰 법을 얻으려 해도 얻을 수 없느니라."
　이 말을 듣고 혜가는 즉시 날카로운 칼을 뽑아 자신의 왼팔을 끊어 달마대사 앞에 놓았다.

그제야 달마대사는 입을 열었다.

"여러 부처님들과 보살들이 법을 구할 때에는 육신을 육신으로 보지 않았고 목숨을 목숨으로 보지 않았다. 네가 이제 팔을 끊었으니 법을 구할 만하다."

이렇게 해서 혜가는 달마대사의 제자가 되었다.

하루는 혜가가 달마대사를 찾아와서 청했다.

"저의 마음이 아직 불안하니 저의 마음을 편안케 해주십시오."

달마대사가 말했다.

"그래? 그 불안한 마음을 가져오너라. 편안하게 해줄 테니."

"아무리 찾아도 마음을 찾을 수 없습니다."

"그렇지, 찾아지면 그것이 어찌 너의 마음이겠느냐! 벌써 너의 마음을 편안하게 해주었다."

달마대사는 이렇게 말하고 혜가에게 되물었다.

"너의 마음을 이미 편안하게 해주었다. 너는 보고 있느냐?"

이 말에 혜가는 활짝 깨달음을 얻었다.

혜가는 즉시 절을 하며 이렇게 말했다.

"오늘에야 모든 법이 본래부터 공적(空寂)하고, 그 지혜가 멀리 있지 않다는 것을 알았습니다. 보살은 생각을 움직이지 않고 지혜의 바다에 이르며, 생각을 움직이지 않고 열반의 언덕에 오르나이다."

"옳은 말이다."

"스승이시여, 이 법을 문자로 기록할 수 있습니까?"

이때 달마대사는 다음과 같이 일렀다.

"나의 법은 마음으로써 마음을 전하니 문자를 세우지 않느니라.(不立文字)"

달마대사의 이 말은 후에 선종(禪宗)의 종지가 되었다.

(위의 내용은 정산종사께서 말씀하셨다는 달마대사와 혜가대사의 이야기를 일반 자료를 통하여 정리한 것임)

정산종사는 위의 예화를 말씀하시고 "자기가 먼저 참 인물이 되어야 참 인물을 얻는 것이다. 달마대사는 양무제를 만났으되 참되지 못하여 놓아 버리고, 마침내 혜가대사라는 참된 인물을 얻어 불법을 빛냈다."고 하시었다.

한산과 습득

　옛날에 한산(寒山)과 습득(拾得)이란 사람이 있었다.
　한산과 습득은 평생 일심을 놓지 아니하고 적공을 하였건만 겉으로는 바보도 같고 거지같이 밥도 얻어먹고 다녔다.
　하루는 한산과 습득이 시장에 가서 소 십여 마리를 몰고 와서 절 앞에다가 줄을 세워 놓고는, 주지스님 이하 여러 스님들을 다 불러 놓고 말하였다.
　"이 소들을 보라. 너희들도 공부한다고 절에 와서 시주한 것만 먹고 살면서 공부도 일심의 힘이 없고 편히 살기를 주장하니, 이 소들을 보고 깨우침을 얻으라."
　그리고 소 있는 곳을 향하여 "○○ 주지스님 나오너라."하고 크게 부르니 그 가운데 소 한 마리가 고개를 들고 나오거늘, 또 "○○스님 나오너라."하니, 또 소 한 마리가 나오는 등 차례로 각기 스님의 명호를 부른 즉 그 소들이 차례로 나오기 시작하였다.
　십여 마리 소가 다 출가하여 공부를 잘못하고 시주만 먹고 편히 살기를 좋아하다가 소가 된 것이다.

　정산종사는 위의 예화를 말씀하시고 "여러분에게 분수 밖의 일을 하라는 것은 아니니, 저 마당의 적당한 일부터 하라는 것이다. 백정이 하는 일을 하라면 못할 것이다. 그러므로 정신이든 육신이

든 자기 기술대로 자기 능력대로 일심을 드리면 안 되는 일이 없을 것이다.
 매사에 일심을 들이지 아니하면 성공할 수 없나니 어떤 일이든지 일심을 드려야 한다."고 하시었다.

 또한 정산종사 한산과 습득에 대한 예화를 말씀하시고 다음과 같이 말씀하시기도 하였다.
 "한산과 습득 두 스님은 겉으로 보기에는 바보 같고 거지같이 밥을 얻어먹고 다녔지만 평생을 일심을 놓지 않고 적공하였다. 사람이 세상을 살아가자면 일심이 제일이니 일심이 아니고서는 어떠한 일도 성공하는 일이 없다.
 공부를 해도 일심을 들여야 되는 것이요. 사업을 할지라도 일심을 들이지 아니하고는 아니 된다. 곧 도학공부를 할 때에도 일심을, 밥을 먹을 때에도 일심을, 길을 걸어갈 때에도 일심을, 남자들이 똥지게를 등에 질 때에도 일심을, 여자들이 구정물에 손을 넣고 설거지를 할 때에도 일심을 들여야 한다."

 한산과 습득에 대한 예화는 다음과 같이 전해오기도 한다.

 정확한 연대는 알 수 없으나 당나라 정관년(貞觀年) 간에 살았다고 전해지는 전설적인 인물로서 한산(寒山)과 습득(拾得)이 있다.
 이 두 사람은 풍간(豊干)스님이라는 도인과 함께 천태산(天台山)

국청사(國淸寺)에서 살고 있었는데, 세상에서는 국청사에 숨어사는 세 사람의 성자라는 뜻으로 이들을 국청삼은(國淸三隱)이라고 불렀다. 이들 세 분은 모두 불보살의 화현이니 곧 풍간은 아미타불, 한산은 문수보살, 습득은 보현보살의 화현이라고 한다. 그런데 그 시대에 살던 사람들은 그것을 모른 채 그들의 기이한 언행을 이해하지 못하여 멸시하고 천대하기가 일쑤였다.

한산은 국청사에서 좀 떨어진 곳에 있는 한암이라는 굴속에 산다 하여 그렇게 불리었다. 그는 항상 다 헤어진 옷에 커다란 나막신을 신고 다녔으며, 때가 되면 국청사에 들려 대중들이 먹다 남긴 밥이나 나물 따위를 얻어먹곤 하였다. 그리고 가끔씩 절에 와서 거닐기도 하고 때로는 소리를 지르거나 하늘을 쳐다보고 욕을 하였다.

절의 스님들은 그런 그를 작대기로 쫓아내곤 하였는데, 그러면 한산은 손뼉을 치거나 큰소리로 웃으며 사라져 버리는 것이었다.

습득은 풍간스님이 길을 가다가 강보에 싸여 울고 있는 것을 주워 길렀다고 하여 그런 이름이 붙여졌다. 그는 부엌에서 그릇을 씻거나 불을 때는 일을 하였는데, 설거지를 하고 난 뒤에 남은 밥이나 음식 찌꺼기를 모아두었다가 한산이 오면 내주곤 하였다.

어느 날 주지스님이 출타했다가 산 아래 목장을 지나 돌아오는 길에 보니, 한산과 습득이 소 떼와 더불어 놀고 있었다. 한산이 먼저 소 떼를 향하여 말하였다.

"이 도반들아, 소 노릇하는 기분이 어떠한가. 시주 밥을 먹고 놀기만 하더니 이 모양이 되었구나. 오늘도 여러 도반들과 함께 법문을 나눌까 하여 왔으니, 호명하는 대로 이쪽으로 나오게. 첫 번째 동화사 경진율사!"

그 소리에 검은 소 한 마리가 '음메-' 하며 나오더니, 앞발을 끊고 머리를 땅에 대고는 지시한 장소로 가는 것이었다.

"다음은 천관사 현진법사!"

이번에는 누런 소가 '음메-' 하며 대답하더니 절을 하고는 첫 번째 소를 따라갔다. 이렇게 서른 몇 번을 되풀이 하였다. 일백여 마리의 소떼 가운데에 서른 대여섯 마리는 스님들의 후신인 것이었다. 그들은 시주 밥만 축내며 공부를 게을리 한 과보로 소가 된 것이었다.

이 광경을 본 주지스님은 등골이 오싹해짐을 느끼고 마치 쫓기는 사람처럼 절로 올라가며 혼자 중얼거렸다.

'한산과 습득이 미치광인 줄 알았더니 성인의 화신임에 틀림없구나.'

일찍이 여구윤(閭丘胤)이라는 벼슬아치가 그 고을 자사로 부임에 오더니 병을 얻고 말았다. 그런데 그 병에는 좋은 약, 용한 의원이 다 소용없으니 백약이 무효였다. 이를 안 풍간스님이 그를 찾아갔다. 여구윤이 말하는 병세를 듣더니 풍간스님은 깨끗한 그릇에 물을 받아놓고 주문을 외웠다. 그리고는 그 물을 그에게 뿌리자, 언제 아팠던가 싶게 곧 자리를 털고 일어서는 것이었다.

자사가 크게 사례하고 설법을 청하자 풍간스님은 굳이 마다하였다.

"나보다는 문수와 보현께 물어보시오."

"두 분 보살께서 어디 계신지요?"

"국청사에서 불을 때고 그릇을 씻는 한산과 습득이 바로 그들입니다."

그리하여 자사는 예물을 갖추고 국청사로 한산과 습득을 찾아가니, 한산과 습득은 화로를 끼고 앉아 웃고 떠들며 있었다. 자사가 그들에게 가까이 가서 절을 올리자 그 둘은 무턱대고 꾸짖었다. 옆에서 그것을 지켜보던 다른 스님이 깜짝 놀라며 자사에게 말하였다.

"대관께서는 어찌하여 미치광이들한테 절을 하십니까?"

그러나 그 말에 아랑곳 하지 않고 한산은 자사의 손을 잡고 웃으며 말하였다.

"풍간이 실없는 소리를 지껄였군. 풍간이 바로 아미타불인 줄 모르고 우리를 찾으면 뭘 하나?"

이 말을 남기고 문을 나선 한산과 습득은 다시는 절에 찾아오는 일이 없었다. 여구윤은 못내 아쉬워 웃이며 많은 예물을 가지고 한암 굴로 찾아가 예배를 올리고 말씀을 기다렸다.

"도적놈아. 도적놈아."

한산과 습득이 이 말만 남기고 굴속으로 들어가니 입구의 돌문이 저절로 닫히는 것이었다. 이윽고 돌문이 완전히 닫히더니 그 틈으로 말이 들려왔다.

"너희들에게 이르노니 각자 노력하라."

여구윤은 성인을 친견하고도 법문을 더 이상 듣지 못한 것을 섭섭하게 여겼다. 그리하여 숲속의 나뭇잎이나 석벽이나 아니면 마을의 집 담벼락에 써놓은 세 분의 시를 모으니 모두 삼백 수가 되었다. 그것을 《삼은집》이라 하여 책으로 엮어내었는데, 우리나라에서는 '한산 시' 라는 제목으로 전해 오고 있다.

허주와 영산

허주와 영산 두 도인이 서로 만나기를 원했다.
세인들은 하도 간절히 만나기를 원하는지라 서로 만나면 얼마나 기뻐할까 했는데 하루는 우연히 길에서 서로 만났다.
허주가 영산을 보고 손을 번쩍 들으니 영산은 눈만 깜박하였다.
제자들은 그것을 보고 너무나 싱겁기 짝이 없다고 하였다.

정산종사는 위의 예화를 말씀하시고 "나도 그와 같이 항상 들은 소리라고 이것을 쉽게 알고 소홀히 알기 쉬운 것이니, 나 역시 눈만 한번 깜박해 볼까 말로 할까 말하여 보라."고 하시었다.

오백생 여우 보

백장선사(百丈禪師)가 한 문하인에게 물었다.
"선수자(先修者)는 불락인과(不落因果)인가?"
"불락인과입니다."
이 대답으로 문하인은 오백생 여우 보를 받았다.
문하인이 다시 백장선사를 찾아와 부탁하였다.
"내 이제 그 이치를 알았으니 나에게 그 물음을 다시 물어봐 주시겠소?"
백장선사 흔쾌히 허락하여 물었다.
"그럼 내가 다시 너에게 물으리라. 선수자는 불락인과인가?"
문하인이 자신 있게 말하였다.
"불매인과(不昧因果)입니다."
그리하여 오백생의 여우 보를 벗었다.

정산종사는 위의 예화를 말씀하시고 "부처님께서는 이치에 의지하여 방편을 내시었다. 부처님 말씀을 방편이니 소용없다고 우기는 자는 참으로 큰 죄를 받는다. 모르는 것을 아는 척하고 가르치면 오히려 큰 죄악이 된다."고 하시었다.

백장선사와 오백생 여우 보에 대한 이야기는 다음과 같이도 전해진다.

　백장선사가 하루는 법상에 올라 법을 설하였다.
　법상에서 내려온 후, 모든 사람은 다 일하러 갔으나, 오직 한 노인만이 가지 않고 그대로 자리에 앉아있었다. 백장선사가 물었다.
　"그대는 무엇을 하는 사람인가?"
　"나는 본래 사람이 아니고 여우입니다. 전생에는 본시 이곳의 조실(祖室)이었습니다.
　어느 날 어떤 학인이 나에게, '크게 수행한 사람도 인과에 떨어집니까? ?떨어지지 않습니까?' 하고 묻기에, 나는 인과에 떨어지지 않는다.(不落因果)고 잘못 대답했습니다. 이 대답으로 인해 나는 곧 축생으로 떨어져 오백 년 동안? 여우의 몸을 받아 벗어날 길이 없었습니다. 청 컨데 스님께서는 자비심으로 가르쳐주십시오."
　백장선사가 말했다.
　"그대가 나에게 물어보아라."
　"스님께 묻겠습니다. 크게 수행한 사람도 인과에 떨어집니까, 떨어지지 않습니까?"
　"인과에 매하지 않는다.(不昧因果)"
　이 노인은 이 한 마디의 말에 크게 깨달아 곧 절을 하고 말했다.
　"이제 스님의 말을 듣고, 그로인해 여우의 몸을 벗어 뒷산 바위 아래에 두니, 바라 건데 스님께서는 중의 법도에 따라 장례를 치워 주십시오."

그 이틀 뒤 백장선사는 뒷산 바위 아래 한 마리의 죽은 여우를 발견하고 승려의 장례법으로 그를 화장했다.

조법사의 열반 시

옛적에 조법사(肇法師, 後秦의 僧肇)라는 사람이 32세 때에 소인으로 몰려 죽게 되었다.

조법사는 죽음을 일주일만 연기해 달라 하여 허락을 얻어 조론(肇論)이란 책을 저술하고 죽음에 임하였다.

집행자가 칼을 치고 나니 조법사의 앉은 좌복에서 쪽지가 떨어졌다.

쪽지에는 다음과 같이 쓰여 있었다.

'사대원무주(四大元無住)요, 오온본래공(五蘊本來空)이라.

장두임백인(將頭臨白刃)하니, 유여참춘풍(猶如斬春風)이라.'

사대가 원래 없는 것이니, 색수상행식이 모두 공(空)인 것이라.

때가 되어 번뜩이는 칼에 목을 대니, 내리치는 칼에 봄바람이 무참히 베이는구나.

배도의 관상이야기

중국 당나라에 배도(裵度)라는 사람이 있었다. 키가 오척(五尺)인데다 어찌나 못 생겼는지 법령입구(法令入口: 관상에서 양쪽 광대뼈와 코 사이에서 입가를 지나 내려오는 굽은 선. 이 선이 입으로 흘러 들어가면 굶어 죽는다고 한다.)였다. 이는 곧 빌어먹을 팔자라는 것이다. 서당에 가도 친구들이 놀려댔다.

"너는 배워봤자 법령입구인데 무엇 하러 배우느냐."

배도는 집에 와서 어머니에게 원망을 퍼부었다. 어머니가 보기에도 비록 자기가 낳은 자식이지만 워낙 못 생겼다고 생각했다. 어머니는 아들에게 말했다.

"어디 저 마을에 사주관상을 아주 잘 보는 사람이 있다는데 한 번 보러가자."

그런데 그 사주보는 사람이 어찌나 사주를 잘 보던지 사람의 관상을 보러오면 말로 하지 않고 몸으로 보여주었다.

재상이나 대신이 될 관상을 지닌 사람이 오면 뜰 밖에까지 나와 "어서 오시라."고 영접했고, 조금 작은 벼슬아치를 할 관상을 가진 사람이 오면 내다보지도 않고 방에만 앉아 있었다.

그런데 배도가 들어오자 방에서 내다보지도 않았다. 화가 난 배도는 "에이, 빌어먹을! 내 어디 사주팔자를 고쳐봐야지."하고 10년을 작성하고 공부를 열심히 했다.

마침 나라에 과거가 있어 과거를 보니 급제를 하였다. 급제하여 군수 벼슬을 얻어 좋은 옷 입고 살면서 고향에 있는 '요놈의 관상쟁이 이처럼 훌륭하게 될 나를 내다보지도 않아. 어디 혼 좀 나봐라'고 마음먹고 10년 전에 입었던 그 허름한 옷을 입고 찾아갔다. 그런데 관상쟁이가 방에서 뛰어나와 뜰 마당까지 나왔다.

"여보쇼! 나를 알겠소? 내가 10년 전에 찾아왔던 사람인데, 10년 전에는 빌어먹을 상이라고 내다보지도 않더니 지금은 웬일이오. 자, 10년 전 나를 알겠소."

"체, 3일 전 다녀간 사람도 모르는데 10년 전 당신을 내 어이 안단 말이오. 그 동안에 당신이 10년간 무슨 마음먹고 공부했는지 모르지만 그때는 빌어먹을 상이었지만 지금은 당신 얼굴에 화기애애한 기운이 돌고 상서로운 주름이 잡히오."

관상쟁이는 이어 말했다.

"사주는 불여상(不如相)이요 상여불심(相如不心)이라. 사주보다는 상이 잘 생겨야 하고, 상보다는 마음이 잘 생겨야 합니다. 사람은 하루에도 몇 번 변하는 것이요. 마음을 잘 쓰면 좋은 금도 생기요. 당신은 10년 동안 마음 닦는 공부를 했지요?"

정산종사는 위의 예화를 말씀하시고 "대종사께서 '너희들은 절대로 관상도 보러 가지 말며, 사주도 보러 가지 말라. 수도만 잘 해서 마음만 잘 쓰면 사주팔자를 고치게 되는 것이다. 그러므로 너희들도 내 시키는 대로 공부만 잘 하면 사주를 보러 가지 않아도 된다.'

고 하셨다."고 하시었다.

　배도에 대한 예화는 그의 동생인 배탁과 함께 다음과 같이 전해지기도 한다.

　중국 당나라 때 배휴(裴休)라는 유명한 정승이 있었다. 그는 쌍둥이로 태어났다. 그것도 등이 맞붙은 기형아로 태어났다.
　부모는 칼로 등을 갈라 살이 많이 붙은 아이를 형으로, 살이 적게 붙은 아이를 동생으로 삼았다. 부모는 형과 동생의 이름을 '도(度)'자로 짓되, 형의 이름은 '법도 도(度)'로 하고 동생은 '헤아릴 탁(度)'이라고 불렀다. 배휴는 어릴 때의 형인 배도가 장성한 다음 지은 이름이다.
　어려서 부모를 여읜 배도와 배탁은 외삼촌에게 몸을 의탁하고 있었다.
　어느 날 일행선사(一行禪師)라는 밀교의 고승이 집으로 찾아와서 그들 형제를 유심히 바라보더니, 외삼촌과 이야기를 나누었다.
　"저 아이들은 누구입니까?"
　"저의 생질(甥姪)들인데 부모가 일찍 죽어 제가 키우고 있습니다."
　"저 아이들을 내보내십시오."
　"왜요?"
　"저 아이들의 관상을 보아하니 앞은 거지상이요 뒤는 거적대기

상입니다. 워낙 복이 없어 거지가 되지 않을 수 없고, 그냥 놓아두면 저 아이들로 말미암아 이웃이 가난해집니다. 그리고 저 아이들이 얻어먹는 신세가 되려면 이 집부터 망해야 하니, 애당초 그렇게 되기 전에 내보내십시오."

"그렇지만 부모가 없는 아이들을 어떻게 내보냅니까?"

"사람들은 자기의 복대로 살아야 하는 법! 마침내 이 집안이 망한다면 저 애들의 업은 더욱 깊어질 것이오."

방문 밖에서 외삼촌과 일행선사의 대화를 엿들은 배도는 선사가 돌아간 뒤 외삼촌께 말하였다.

"외삼촌, 저희 형제는 이 집을 떠나려고 합니다. 허락하여 주십시오."

"가다니! 도대체 어디로 가겠다는 말이냐?"

"아까 일행선사님과 나누는 말씀을 들었습니다. 우리 형제가 빌어먹을 팔자라면 일찍 빌어먹을 일이지, 외삼촌 집안까지 망하게 할 수는 없는 일 아닙니까? 떠나겠습니다. 허락하여 주십시오."

자꾸만 만류하는 외삼촌을 뿌리치고 배탁과 함께 집을 나온 배도는 거지가 되어 하루하루를 구걸하며 살았다. 어느 날 형제는 머리를 맞대고 상의하였다.

"우리가 이렇게 산다면, 일찍 돌아가신 부모님의 혼령도 편안하지 못할 것이다. 산으로 들어가 숯이나 구워 팔면서 공부도 하고 무술도 익히자."

둘은 산 속에 들어가 숯을 구면서 틈틈이 글 읽기도 하고 검술도 익혔다. 그리고 넉넉하게 구워 남은 숯들은 다발 다발 묶어서 단정한 글씨로 쓴 편지와 함께 집집마다 나누어주었다.

"이 숯은 저희들이 정성들여 구운 것입니다. 부담 갖지 마시고 마음 편히 쓰십시오."

하루 이틀, 한 달 두 달, 일 년 이 년… 이렇게 꾸준히 숯을 보시하자 처음에는 의아하게 생각하던 마을 사람들도 감사하게 생각하였고, 마침내 숯이 도착할 시간이면 '양식에 보태라'며 쌀을 대문 밖에 내어놓기까지 하였다. 그러나 그들 형제는 먹을 만큼 이상의 양식은 절대로 가져가지 않았다.

"이만하면 충분합니다. 감사합니다."

마침내 두 형제에 대한 소문은 온 고을로 퍼져 나갔다. 그 소문을 듣고 외삼촌이 찾아와 간청하였다.

"잠깐만이라도 좋으니 집으로 들어가자."

그들이 집에 이르자 때마침 일행선사도 와 있었다.

일행선사가 배도를 보더니 깜짝 놀라는 것이었다.

"얘야, 너 정승이 되겠구나."

"스님, 언제는 저희 형제더러 빌어먹겠다고 하시더니, 오늘은 어찌 정승이 되겠다고 하십니까? 거짓말 마시오."

"전날에는 너의 얼굴에 거지 팔자가 가득 붙었는데, 오늘은 정승의 심상(心相)이 보이는구나. 그동안 무슨 일을 하였느냐?"

배도와 배탁이 그동안의 일을 자세히 말씀드리자 일행선사는 무릎을 치면서 기뻐하였다.

"그러면 그렇지! 너희들의 마음가짐이 거지 팔자를 정승 팔자로 바꾸어 놓았구나."

그 뒤 일행선사의 말대로 배도는 정승이 되었고, 동생 배탁은 대장군의 벼슬을 마다하고 황하강의 뱃사공이 되어 오가는 사람을 건네주며 고매하게 살았다.

혜충국사와 대이삼장

당나라 현종, 숙종, 대종 3대(三代)를 이어 국사로 있던 혜충국사(慧忠國師)가 말이 없으니 제자들이 잘 몰라보고, 저울질을 하였다.

어느 날 서역(西域)의 대이삼장(大耳三藏)이라는 사람이 타심통(他心通)을 하여 사람 마음을 꿰뚫어 보는 능력이 있다고 하니 혜충국사와 만나게 하여 시험하려고 데려왔다.

삼장이 국사에게 예배(禮拜)하고 우편(右便)에 서니 국사가 물었다.

"네가 타심통을 얻었느냐?"

삼장이 대답했다.

"불감(不敢)이라."

국사가 또 물었다.

"도노승(道老僧)이 지금 어디에 있느냐?"

"일국(一國)의 국사께서 어찌 서천(西川)에서 경도(競渡)를 보리오!"

국사가 다시 물었다.

"도노승아! 지금 어느 곳에 있느냐?"

"일국의 국사가 어찌 천율교상(天律橋上)에서 원숭이의 희롱함을 보리오!"

국사의 세 번째 질문도 같은 질문이었다. 이에 삼장이 몸 둘 바를 몰라 쩔쩔 매었다.

이에 국사가 크게 꾸짖으며 말했다.

"야호정(野狐精)아! 타심통이 어느 곳에 있느냐?"

삼장이 대답하지 못하였다.

이것을 본 제자들은 그때서야 국사의 법력을 알아보고 놀라며 정신을 차리고 따르게 되었다.

거꾸로 서서 죽다

　중국의 등은봉(登隱峰)화상은 열반할 때가 되자 여러 사람들에게 물었다.
　"여러 곳에서 앉아 죽은 이는 내가 보았지만 서서 죽는 이도 있었는가?"
　대중이 말하였다.
　"서서 죽는 이도 많았습니다."
　"그러면 거꾸로 죽은 이가 있었는가?"
　"그렇게 죽었다는 이는 듣지도 보지도 못하였습니다."
　그러자 등은봉화상은 거꾸로 서서 죽었다. 그러나 옷자락이 그대로 있고 밑으로 내려오지 않았다.

　정산종사는 위의 예화를 말씀하시고 "대정(大定)은 동(動)하는 가운데 동치 않는 정이요, 중정(中定)은 힘써서 정을 익히는 것이며, 소정(小定)은 감각이 없는 정이다."고 하시었다.

부설거사 일가족의 성도담

신라 진덕여왕이 왕위에 오른 해의 일이다. 경주 남내(南川) 항아(경주향교 있는 곳)라는 마을에 진씨 가문에 광세라고 하는 아들이 있었다. 다섯 살에 불국사를 찾아가 원정선사를 스승으로 출가하니, 법명은 부설(浮雪)이다. 그는 불과 일곱 살에 현묘한 이치를 통달하였다.

부설은 불국사를 떠나 사방으로 원로 스님들을 참방(參榜)하기로 하고 영조, 영희와 함께 서로 벗을 삼아 길을 떠났다. 작은 배를 띄워 남해를 돌아 두류산(지리산)에 발자취를 머물렀다.

삼년이 지나 천관사에 건을 걸고 머물렀다. 다섯 해 동안 참선을 한 후 능가산(변산)을 거닐었다. 두루 유람을 마치고 법왕봉(法王峯) 아래에 초가집 한 칸을 짓고 묘적(妙寂)이라는 편액을 붙였다.

세 사람이 한 집에서 한 마음으로 도를 닦았다. 십년 동안 세속의 인연을 끊고 삼생(三生)의 환몽(幻夢)을 없애 버렸다.

그 후 세 사람은 문수보살 도량인 강원도 오대산을 참배하기 위해 북으로 향했다. 가는 길에 두릉(만경의 옛 이름, 현 김제시 성덕면 고현) 백련지 옆 '구무원'이라는 청신사(清信士) 집에 묵게 되었다.

구무원 노인은 신심이 깊은 거사로 본래부터 청허한 도리를 숭상하여 매우 간절하게 도를 구하고 있었다. 구 노인은 일단의 법문을 들은 후 그들을 상좌로 모시고 극진한 예를 다하였다.

밤이 다 새도록 이야기를 나누고, 다음날 길을 나서려했지만 새벽부터 봄비가 흠뻑 내려 나설 수가 없었다. 하는 수 없이 얼마간 더 머물게 되었다.

이들은 밤낮으로 도를 묻고 대답하였다. 부설의 설법은 마치 마명보살(馬鳴菩薩)의 지혜로운 말씀 같고 용수보살(龍樹菩薩)의 거침없이 쏟아지는 강물과 같았다.

마침 구 노인에게 묘화(妙華)라고 하는 딸이 있었다. 연꽃을 보고 낳았다는 태몽을 꾸고 붙인 이름이다.

묘화는 얼굴이 아름다운데다 재주마저 뛰어났다. 사랑스러우면서도 유순하고, 엄하면서도 절의와 지조가 있어 당대 어디에 견줄 데 없을 만큼 특출하였다. 비록 빈한한 가정에서 태어나 자랐으나 사람들은 흔히 보기 드문 인물이라고 칭찬하였다.

묘화는 이날 부설의 설법 소리를 듣고 문득 슬픔에 복받쳐 울음을 그치지 못했다. 그것은 마치 아난(阿難)의 설법을 듣고서 울었던 마등가(摩登伽)와 같고 초양왕(楚襄王)과 이별을 서러워하던 무산(巫山)의 선녀와도 같았다.

묘화는 부설 곁에서 조금도 떨어지려 하지 않았다. 그녀는 맹세코 부설을 쫓으려 하였다.

'영원히 부부가 되면 죽어도 원이 없거니와 만일 버림을 당하면 맹세코 목숨을 끊겠다.'고 다짐하였다. 구무원도 딸의 심경을 불쌍히 여겨 부설에게 머리를 조아리고 간청했다.

"오직 원하옵건대 제 딸을 버리지 마시옵고 제도하여 주소서!"하고 낮이나 밤이나 천 번 만 번 빌었다. 하지만 부설은 뜻을 굽히지 않았다. 그의 마음은 쇠와 돌보다도 더욱 견고하여 애욕 따위에 눈길 한 번 주지 않으니 어찌 여색에 빠질 수 있겠는가?

부설은 구무원과의 인연 때문에 도에 방해가 된다고 경계하며 깊이 두려워하고 있었다.

그러나 한 번 더 생각해보면 보살의 자비로운 뜻을 생각할 때, 혼인의 육례를 갖추지 않았지만 죽음도 불고하는 여인의 한마디 맹서의 말이 진실하고 간절하여 마치 밀을 씹는 것처럼 맛이 없고, 연꽃이 물에 떠 있는 것 같았다.

부설은 마침내 묘화와의 결혼을 승낙하였다. 그러나 이는 결코 애욕에 탐착한 소아(小我)가 아니었다.

영희, 영조 두 스님은 도를 구하러 나왔다가 서쪽의 외진 곳에서 벗을 잃고 말았다. 그렇게 해서 부설이 재가 수도한지 어언 십 년이 되었다. 그러는 동안 아들딸은 무럭무럭 커갔다. 사내는 등운(登雲)이요, 딸은 월명(月明)이다.

부설은 번잡한 세상의 모든 일과 두 자녀를 묘화부인에게 맡긴 채 따로 일당(一堂)을 짓고 지난날에 수도하였던 일을 다시 정진했다. 그는 '내 몸의 귀중한 것을 손상시키는 것은 본래 육문(六門)으로 말미암은 것이다. 단견과 상견의 두 견해를 없애고, 자성을 돌이켜 진실여여하게 홀로 드러나게 함은 방편을 빌릴 것이 없다.' 생각하고 거짓으로 걸음을 걷지 못한다는 핑계를 대고 사람을 시켜 미음이나 약을 가져오게 했다.

또한 대변이나 소변을 눌 적에 기력이 없는 것처럼 해서 마음을 가라앉히고 공부를 해나갔다.

부설은 '성도 하리라'는 굳은 결심을 했다. 말하지 않는 것을 사모하여 소림사의 달마스님이 벽을 향해 수심(守心)하였던 것을 그리워하였다.

어느덧 기약한 지 오년이 되던 해에 빛나는 별처럼 밝게 통하였다. 그러나 다시 남은 찌꺼기를 깨끗이 하니, 거듭 지혜의 봉우리가 높이 솟았다. 이에 화엄의 법계를 두루 횡행하고 원각의 오묘한 경지에 편안히 앉아서 스스로 자신만 즐길 뿐, 남에게는 일체 말하지 아니하였다.

지난날에 옷깃을 함께 하던 동지 영희, 영조 두 스님은 오랫동안 도를 구하고 두루 명산을 유람한 후 인연을 따라 다시 두릉 고을의 청신도 구씨의 집에 이르게 되었다.

구무원과 그의 처는 죽은 지 이미 오래이므로 그간의 사정을 물어볼만한 사람이 없었다. 마침 갓을 쓰고 비녀를 꽂은 단정한 남녀를 만나 부설거사의 안부를 물어보며 지난날에 벗으로 지냈던 인연을 말하니, 바로 이들이 부설의 자녀였다.

등운과 월명은 집에 들어가 아버지께 말씀을 드렸다. 이 말을 전해들은 부설거사는 "옛 벗이 돌아왔다는 기쁜 소식을 들으니 나의 오랜 병이 문득 나아 버렸구나! 기분이나 몸이 거뜬하여 편안하니 정당에 자리를 마련하여 편안히 모시고 높은 이를 대접할 음식을 장만하라. 그들은 반드시 뛰어난 도인이요, 널리 사물의 이치를 아는 군자들이니 공손히 맞아들여 행여 그 뜻을 거슬이거나 게으름이 없도록 하여라."하고 즉시 일어나 반가이 맞아 서로 쌓인 옛 정을 나누었다.

등운과 월명 두 남매의 마음에는 두 분의 법력으로 아버지의 병이 나은 것이라 생각하고 온몸을 땅에 굽혀 하늘에 계신 신보다도 더 공경하였다.

부설거사가 말하기를 "세 개의 병에 물을 담아 오너라. 공부가 얼마나 익었는지 시험해 보리라."하고 들보 위에 병을 매달아 놓고 각기 병 하나씩을 치게 하니, 영희와 영조 두 사람의 병과 물은 모두 부서지고 쏟아져 내렸다. 부설 또한 한 병을 치니 병은 부서졌지만 물은 들보에 그대로 매달려 있었다.

재가 수도를 한 부설이 출가 수도한 그들보다 깨달음이 더 깊었던 것이다.

이어서 부설이 게송을 읊었다.

"눈에 보이는 바가 없으니 분별할 것이 없고,
귀에 소리 없는 참 소식을 들으니 시비가 끊어지는구나!
분별과 시비를 모두 놓아버리고,
다만 마음의 부처를 보며 스스로 귀의하소."

이때, 하늘에 상서로운 구름이 자욱이 펼쳐지고 신선의 아름다운 음악이 허공에 가득히 메아리쳤다. 부설이 단정히 앉아 한 생각에 해탈하는 것을 보이니, 향기는 바다 밖에까지 퍼지고 하늘에서 꽃비가 쏟아졌다.

　영조와 영희 두 스님은 부설거사의 덕을 기려 추모하고 정성스럽게 다비했다. 사리를 거두어 병에 넣은 후 변산 묘적암 남쪽 기슭에 묻고 부도를 세웠다.

　그 후 부설거사의 두 남매 등운과 월명은 아버지가 옛적에 수도하고 부도를 모신 묘적암 옆에 자신들의 이름을 따 등운암과 월명암을 짓고 수도 정진하여 도를 이루었다. 월명은 월명암에 계속 주석하고 등운은 계룡산으로 자리를 옮겨 등운암을 짓고 선풍을 날렸다.

　그의 어머니 묘화는 백십 세까지 살았는데, 부설과 살던 집을 내놓아 절을 만들고 '부설원'이라 이름 하였다.

　부설의 일가족인 부설, 묘화, 등운, 월명이 모두 성불하였다 하여 4성이 출현했다고 한다.

　(대종사님과 정산종사님, 대산종사님께서 부설거사 일가족의 성도담에 대한 예화를 말씀하셨다. 위의 내용은 월명암에서 소장하고 있는 《부설전》의 내용을 축약한 것이다.)

　대종사께서는 변산에서 제법하실 때 월명암 백학명 선사 등 스님들과 교제하시며 불교에 관한 예화들을 많이 접하셨다고 한다.

　대종사께서는 내소사 공양주, 이진사, 그리고 부설거사의 일가족인 부설과 묘화부인, 자녀인 등운과 월명 등을 여래라고 말씀하셨다고 한다.

정산종사는 월명암에 2년여를 머물 때《부설전》책을 본 것으로 여겨진다.

부설거사의 게송에 대해 정산종사는

'목무소견무분별(目無所見無分別)은

목무착견무분별(目無着見無分別)이고

이청무성절시비(耳聽無聲絶是非)는

이무착성절시비(耳無着聲絶是非)라.' 고 하시었다.

제3부
식물의 사주

공자님께서

기운 있게 솟아 올라오는

푸른색 싹을 보시고

처음에는 악양루(岳陽樓) 대들보가 되고,

다음에는 홀필열(忽必烈)의 관이 된다고 하였다.

소강절(召康節)이

그 사연을 몰라

알고 싶어 안달하다가 드디어 깨쳐 알게 되었다.

그러나 어찌나 전력을 대어 신경을 썼던지

소강절의 머리가

온통 하얗게 변하였다.

식물의 사주

 공자님께서 기운 있게 솟아 올라오는 푸른색 싹을 보시고 처음에는 악양루(岳陽樓) 대들보가 되고, 다음에는 홀필열(忽必烈, 중국 원나라의 시조)의 관이 된다고 하였다.
 정명도(程明道)가 보고 피식 웃으니 정이천(程伊川) 동생은 왜 웃는지 궁금하여 나중에 공자의 사연을 알게 되어 자기도 피식 웃었다.
 소강절(召康節)만이 그 사연을 몰라 알고 싶어 안달하다가 드디어 깨쳐 알게 되었다. 그러나 어찌나 전력을 대어 신경을 썼던지 소강절의 머리가 온통 하얗게 변하였다.

 정산종사는 위의 예화를 말씀하시고 "사람이 영통(靈通)을 하면 식물의 사주(四柱)를 안다."고 하시었다.

공자의 7일간 굶주림

공자님께서 어느 곳을 가다가 도둑의 무리에게 둘려 쌓여 양식이 떨어져 7일간 굶주림에 처하였다.

그때 한 제자가 공자에게 말하였다.

"이것이 복입니까?"

또 한 제자가 말하였다.

"너는 대도(大道)를 모르는 탓이다."

공자가 말하였다.

"매운바람이 불어야 그 물(物)의 절개를 알고, 설상(雪霜)을 지내야 송죽(松竹)의 절개를 알 수 있듯이 너희들은 이때가 공부할 때이니 공부 잘하라."

공자님의 말씀에 제자들이 모두 재미를 일으켜 평온한 음성으로 노래를 부르니, 도둑의 무리들이 크게 놀라 물러가며 말했다.

"이는 필시 하늘 사람의 무리이다."

정산종사는 위의 예화를 말씀하시고 "오직 경계를 잘 지내야만 공부의 가치와 인생의 가치가 나오게 된다. 저 개도 항상 점잖으면 개라고 부르지 않는 것처럼 경계를 대하더라도 평탄할 때처럼 그대로의 마음을 가져야 그 사람의 절개가 나타난 것이다."고 하시었다.

안연과 팔산

　공자의 문정에 안연(顔淵)이 죽자 공자가 울기를 심히 슬퍼하니 종자(從者)가 말했다.
　"부자께서 너무나 과히 애통해 하지 않습니까?"
　공자께서 말했다.
　"이 사람을 위하여 슬퍼아니하고 그 누구를 위해 슬퍼하랴?"

　정산종사는 원기24년 1월에 '팔산 선생 열반을 지내고'라는 제목의 글을 쓰실 때 인용하신 예화이다.

　정산종사는 위의 예화를 말씀하시고 "공자와 안연 사이에 맺힌 정곡과 안연이 그 회상에 어떠한 인물인 것을 마음 깊이 생각해 보았다.
　팔산(김광선)선생이 열반에 드시니 대종사께옵서 크게 슬퍼하시며 눈물을 많이 흘리시고 통곡하시기를 여러 번 하셨다.
　대종사님과 팔산님 사이의 맺힌 정곡과 팔산님이 우리 회상에 어떠한 인물인 것을 후래 사람으로도 능히 추상하리라 믿는 바이다."고 하시었다.

진시황과 사구

  진시황이 선비를 죽이고 책을 불사르며 공자님 사당을 쳐부수는데 그 벽 속에서 '후세에 한 남자가 자칭 진시황이라 하고 나의 사당에 올라 나의 갑옷을 입어보고 사구 평대에서 죽으리라(後世有一男子 自稱 秦始皇 上我臺 依我裘 崩於 沙丘平臺)'고 적혀 있는 문서가 나타나는 것을 보고 '어찌 이렇게 알았을까?' 하는 의문과 함께 마음에 충격을 받고 그때부터 사구 땅을 찾아보려 애썼으나 찾지 못하고 있었다.
  진시황이 어느 날 사냥을 다니다가 아이들이 강변에서 모래 놀이를 하는데 "여기가 어디냐?"고 묻자 "예, 여기가 사구요."하고 대답하는 소리에 그 자리에서 죽어버렸다.

해 뜨면 일하고

요임금이 강고에서 평복을 하고 나서서 농부에게 정사를 물으니 농부가 말했다.

"해 뜨면 일하고, 해 지면 쉬고, 주리면 밥 먹고, 샘을 파서 물 먹고 살아가니 무슨 임금의 은혜가 있으리오."

그리하여 요임금은 '내가 정치를 잘 하고 있구나!' 하고 안심하며 좋아하였다.

요임금과 관련된 이야기는 다음과 같이도 전해진다.

요임금이 자신을 돌보지 않고 오로지 백성들을 위해 노심초사하며 나랏일만 돌보았건만 그 당시에 요임금의 은혜를 감사히 여기지 않는 괴상한 한 사람이 있었다.

그 사람은 나이가 이미 80여 세나 된 노인이었는데, 한길에서 나무토막을 던지는 '격양(擊壤)'이라는 놀이를 하고 있었다. '격양'이라는 놀이는, 위는 뾰족하고 아래는 넓게 깎은 신발모양의 나무토막 2개를 가지고, 하나는 땅위에 놓고 다른 하나를 손에 들고서 3,40보 떨어진 곳에서 던져 땅위에 놓인 나무토막을 맞추는 놀이였다.

그 노인이 천진난만하게 이 놀이를 하며 한참 신명나게 놀고 있을 때였다. 마침 이를 지켜보고 있던 구경꾼들 중 하나가 한가로이 격양을 즐기고 있는 노인의 평화스러운 모습에 감탄하여 말했다.

"아, 정말로 위대 하도다, 우리 요임금의 훌륭하신 성덕(聖德)이 저 노인에게까지 미치고 있으니."

그러자 그 말을 듣고 노인은 도저히 이해할 수 없다는 듯 그 사람을 흘끗 돌아보더니 화를 버럭 내며 이렇게 말했다.

"당신이 무슨 말을 하는지 도대체 모르겠구먼. 매일 아침 해가뜨면 일어나 일을 시작하고 해가지면 들어가 쉬며 내 손으로 직접 샘을 파서 물마시고 밭을 갈아 밥을 먹는데 요임금이 무슨 은덕을 나에게 베풀었단 말인고?"

이렇게 반문하자 그 사람은 더 이상 할 말을 잃고 말았다.

명협과 지영초

한 사람이 정산종사께 여쭈었다.

"옛날 명협(蓂莢)과 지영초(指佞草)가 있었다 하는데 그것이 무엇입니까?"

"명협이란 중국 요임금 때 있었던 달력 풀이란 것이다. 지금은 인지가 발달되었으므로 과학을 이용해서 모든 일을 잘해 나갈 수 있으나, 옛날 인지가 열리지 못했을 때에는 하늘이 명협이란 풀을 이 땅에 내려서 날짜를 알아보게 하셨다.

이 풀은 선 보름은 잎이 하루에 하나씩 피고, 후 보름은 잎이 하루에 하나씩 떨어진다. 달이 작아서 29일이 될 때에는 30일에 떨어질 잎이 29일에 시들어 버려 달의 크고 작음에 구애 없이 날짜를 정확히 알려 주었다.

지영초는 선인과 악인을 구분해 주는 풀로서 악한 사람이 있으면 풀잎이 그쪽을 가리키므로 과학적 수사 방법이 열리지 못한 때에 정사에 퍽 도움을 주었다고 한다.

정산종사는 위의 예화를 말씀하시고 "이러한 것은 사람이 철들기 전에는 하늘이 우리 인간을 아이 기르듯 하셨다는 증거이다."고 하시었다.

탕왕의 기도

은(殷)나라 탕왕(湯王)이 7년 동안 계속되는 가뭄 때문에 백성들의 고통이 극에 다다르자 그 해결 방법을 태사관(太史官)에게 물으니 대답했다,

"사람을 제물로 써서 천제를 올리는 전례가 있습니다."

탕왕이 탄식하며 말하였다.

"나는 비를 내리게 하여 백성을 구원하고자 하거늘 어찌 백성을 죽여 비를 내리도록 빌 수 있겠는가. 차라리 내가 제물이 되고자 하노라."

탕왕은 목욕재계를 비롯하여 제물로 바칠 준비를 하여 천제를 지내는 쌍림(桑林)에 이르러 빌었다.

"천제이시여! 이토록 7년 가뭄의 재앙을 내리시니 이것은 정치에 절도(節度)가 없어서 문란하기 때문입니까?, 백성들이 직업을 잃고 헤매기 때문입니까?, 궁실(宮室)이 너무 크고 호화롭기 때문입니까?, 부녀의 청탁(淸濁)이 많았기 때문입니까?, 뇌물을 성행케 했기 때문입니까?, 참언(讒言)이 너무 많았기 때문입니까?, 이 여섯 가지 중에 하나라도 저에게 해당되는 실패가 있다면 천제께서 벌하여 주시옵소서!"

이렇게 지극한 정성을 모아 천제를 지내는데, 기도가 채 끝나기도 전에 큰 비가 사방 수 천리 지역에 쏟아져 가뭄을 해결하는 감우(甘

雨)가 되었다.

　정산종사는 위의 예화를 말씀하시고 "이 같은 사실과 구인 선진 님들의 법인성사(法認聖事)나, 저 부산 하단의 김종성 교도의 백일 기도 정성을 보더라도 지극한 기도 정성의 위력을 잘 알 수 있다.
　그러나 이 기도 정성은 무엇보다 진정한 참회가 바탕하고, 원망심을 먼저 놓아야 함을 재삼 강조하노라."고 하시었다.

주공의 구국일심

　주(周)나라 무왕(武王)이 은(殷)나라를 쳐 천하를 통일한지 2년 뒤에 병으로 생명이 위태로웠다.
　이에 무왕의 아우인 주공(周公)이 스스로 왕을 대신하여 생명을 바치려 결심하고 하늘에 기도한바 무왕이 건강을 회복하여 정사를 잘하다가 세월이 흘러 무왕이 죽고 그의 아들이 성왕(成王)이 되었으나 나이가 어리므로 주공이 섭정(攝政)으로 보좌하였다.
　주공은 왕의 숙부(叔父)이고 특히 덕이 높고 정치가로서의 수완도 훌륭하므로 천하 인민이 모두 그를 사모하고 따라서 주공의 위세는 예사가 아니었다.

　이것을 질투한 그의 아우들이 '주공이 왕의 지위를 빼앗을 준비를 하고 있다.'는 유언비어를 퍼뜨려서 결국 성왕까지도 주공을 의심하게 되었다. 그래서 주공은 '세상 사람들의 의심이 풀릴 때까지 이 자리를 떠나는 수밖에 없다.' 하고 세상을 등지고 살았다.

　그로부터 2년이 경과하던 해의 가을, 농사가 잘 되어 풍년이라고 모두 기뻐하고 있을 때 별안간 번개가 치고 큰 태풍이 불어 벼가 쓰러지고 큰 나무까지도 넘어지므로 사람들은 두려워하며, '이는 세상에 무엇인가 잘못되어 하늘이 노여워 경계하는 것'이라 생각하게 되었다.

　성왕은 대부들과 상의하여 주공이 연전에 선조 제사 때의 기록을 그대로 남겨 두었다는 금등(金縢)의 상자를 열어 보았다. 이 상자는 금으로 자물쇠가 되어 있고 특별한 때가 아니면 아무도 열어 볼 수 없다는 규정이 있었던 것이다. 여기에는 무왕이 병들었을 때 주공이 스스로 생명을 대신하고자 기도드린 기록이 보존되어 있었다. 성왕은 이것을 보고 자기의 숙부이며 큰 은인임에도 불구하고 의심하였음을 크게 후회하고, 또 모든 사람들도 주공의 성심을 비로소 알게 되어 다시 주공을 지지하여 옛 지위에 복귀시키고 주공의 말이라면 순종하기로 서약하니, 바람이 전과는 정 반대쪽에서 불어와 넘어졌던 벼와 나무가 모두 일어서서 아무 피해가 없게 되었다.

　정산종사는 주공의 구국일심에 대하여 다음과 같이도 말씀하시었다.

　주나라 무왕이 천하를 통일한 후 죽고, 아들인 어린 성왕이 옥좌에 올랐다. 주공은 성왕의 삼촌이다. 주공이 전쟁에서 대승을 하고 돌아오니, 신하들이 시기하고 모략하여 삼촌인 주공이 조카인 왕을 해하려 한다고 거짓을 고했다.
　성왕은 주공과 그 군대를 성에 들어오지 못하도록 명령하였다. 한편 성왕은 마음이 답답하고 시끄러워 종묘사직 사당에 들어가 심경을 고하려 하였다. 우연히 사당안의 문갑(文匣)에서 예전 무왕이 아파 병에 들었을 때 주공의 기도문에 무왕의 병을 낫기를 기원하되 '자신의 생명을 대신하고자 하니 무왕의 명(命)을 잇게 하소서' 하는 내용의 기도문을 발견하였다. 이것을 본 성왕은 삼촌인 주공의 마음을 알고 뉘우치며 입성을 허락하였다.

　정산종사는 위의 예화를 말씀하시고 "사심 없는 마음으로 정성이 지극하면 반드시 하늘도 감응하는 것이며, 또한 허공법계는 무심치 아니하여 호리도 틀림없이 죄와 복을 보응한다는 것을 알게 되면 사람들은 양심에 가책되는 일은 아니할 것이다.
　공부인으로서 이 지경에 이르면 탄탄한 대로가 열렸다 할 것이다."고 하시었다.

월상에서 전한 흰 꿩

중국 주(周)나라 성왕(成王) 때 멀리 월상이라는 나라에서 사신을 통해서 상서로운 흰 꿩을 바치고 말을 전하였다.

"3년이나 계속해서 폭풍이며 장마의 재앙이 없고, 바다에 노도격랑(怒濤激浪)의 근심이 없어 나라가 평안한데 이것은 생각건대 중국에 성인이 나서 천하를 다스리고 계셨기 때문일 것이니 고마운 일이라고 가서 사례하고 오라는 명을 받고 왔습니다."

위의 예화는 정산종사가 장수교당에 계실 때 흰 꿩이 나왔다는 말을 들으시고 하신 말씀이다.

길일과 흉일

중국 주(周)나라 무왕(武王)이 은(殷)나라 주왕(紂王)을 친 날이 갑오년(甲午年) 갑오월 갑오일이었다.

무왕에게 주나라 신하가 이날을 가장 좋은 날이라 하였다.

그러나 혹자(或者)는 말하되 그날이 무왕에게는 길일(吉日)이요 주왕에게는 흉일(凶日)이라는 말을 하였다.

정산종사는 위의 예화를 말씀하시고 "넓은 세상을 놓고 볼 때에 혹자는 길(吉)하고 혹자는 흉(凶)하지 않은가? 고로 길흉이 각자에 있다,

나의 심중에 모든 탐·진·치가 없고 부처님의 청정심과 부처님의 광명과 부처님의 자비를 가지고 지내는 날이 곧 길일이요, 남을 모해(謀害)하고 손해를 주는 날이 흉일이다."고 하시었다.

위수의 곧은 낚시

　강태공(姜太公)은 나이가 많도록 위수(渭水)라는 곳에서 낚시질을 하였다. 매일 낚싯줄을 늘이고 있었으나, 도무지 한 마리도 잡히지 않아 그냥 돌아오곤 했다. 그것은 낚시가 곧았기 때문이다. 그러나 그는 크게 애를 태우지 않았다. 그리고 말하였다.
　"두고 보라. 왕후(王侯)를 낚을 것이다."
　태공은 곧은 낚시 삼천 개를 던지며 매일 정력을 익혔다. 어느 날 태공의 처 마씨 부인은 비가 와서 떠내려가는 피 덕석을 보고 동시에 방안에 앉아 있는 태공을 보면서, 기가 막혀서 그만 함께 못 살겠다고 이별을 하고 친정으로 갔다. 그리고 사흘 후에 문왕(文王)이 사냥을 나갔다가 위수에서 낚시질하고 있는 태공을 발견하여 식견이 높은 노인임을 알고 수레를 보내 데리고 가서 벼슬을 주었다. 태공의 곧은 낚시에 걸려온 것이다.
　그 후 주(周)나라 문왕의 아들 무왕(武王)을 도와 은(殷)나라를 쳐이겨 그 공로로 제(齊)나라를 차지하여 다스리게 되었다. 그러자 태공의 부인 마씨는 태공에게 말했다.
　"예전의 정의로 나를 데리고 가 주시오."
　태공이 말하였다.
　"그러면 동이에 물을 가져오라."
　부인은 얼른 시키는 대로 가져오니 태공이 말했다.

"그 동이의 물을 땅에 부어라."

부인은 땅에 부으니, 태공이 말하였다.

"다시 동이에 주워 담으라."

부인이 울면서 한탄하며 말했다.

"엎질러진 물을 도로 주워 담을 수 없나이다."

태공은 부인을 뒤로하고 가며 말했다.

"나와 이별을 한 것도 엎질러진 물과 같소!"

정산종사는 위의 예화를 말씀하시고 "공부하는 도중 고개가 있으니 속담에 '가난한 자는 보릿고개가 제일 어렵다'고 한다. 이는 공부인에게 중근기의 고개이다.

회상(會上)에 한 사람이라도 정진(精進)하는 사람이 있어야 법을 설하며 회상을 펴는 것이다. 한 사람도 없으면 그 회상을 뜨는 것인데 우리 대종사님 회상은 그러한 동지를 많이 가진 전무후무한 회상이다."고 하시었다.

광무황제와 모략자

 광무황제(光武皇帝)가 태자로 있을 때, 대수(大水)장군이 되어 대수(大水,압록강)에서 일심(一心)을 양성했다. 중상모략을 당하였으나 중상모략이 풀리고 즉위하게 되었다.
 광무황제는 제일 먼저 모든 신하들에게 중상모략자의 명단을 쪽지에다 모조리 적어내라 명령하였다. 모두 무서워하며 비밀이 적어 앞에 놓인 항아리에 넣었다.
 광무황제는 항아리에 담긴 모략자의 명단이 적힌 비밀문서를 불살라 버리고 환한 얼굴로 소리 높여 말했다.
 "중상모략자는 이미 불타 없어졌으니, 우리의 적은 다 죽었다. 나라를 위하는 사람만 남았으니 모두 힘을 합쳐 좋은 나라를 만들어 가자."
 그리고 일체 더 이상 묻지 않고 정사를 잘하였다.

임상여와 염파

중국에 7국 분쟁이 한창일 때 진(晉)나라가 제일 강국이고 6국은 약하였다.

조(曹)나라의 장수로는 염파장군, 선비로는 임상여재상이 있었다.

어느 날 두 사람이 양쪽에서 오다가 한 길에서 만나자 임상여재상이 길을 비키고 양보하여 염파장군을 보냈다. 염파장군이 귀가하여 수하인에게 그 상황을 들어보니 임상여재상이 '외국에서 우리가 서로 양보를 안 하면 내란이 되고, 밖에서 쳐들어 올 것이니 나라 전체를 생각하면 그리하여야 한다.'는 소리를 재상의 부하가 하더라는 것이다.

염파장군은 이 말을 듣고 부끄러워 곧 재상에게 가서 용서를 빌고, 이후 서로 악수하며 친하게 지냈다.

정산종사는 위의 예화를 말씀하시고 "우리 원불교 단체로 말하면 허공법계에서 인증하는 단체인 만큼 사(私)없고 공심(公心)있는 자라야만 그 전로가 개척되어가는 것이다."고 하시었다.

의형제

중국 초(楚)나라 서중백(西仲伯:의형)과 이모(李某:의제)가 사신으로 이웃나라를 다녀오는 중 둘이 얼어 죽게 생겨 한 사람이라도 살아야 했다. 형이 동생에게 가라고 하면서 옷을 벗어준다 하니 동생이 말했다.

"형님은 일국(一國)의 신하이니 형님이 살아야 합니다."

국사(國事)의 임무를 맡은 형 서중백은 어쩔 수 없이 동생 이모의 옷을 입고 살아나서 공사를 잘 마무리하고 임금에게 돌아가 그 일을 상세히 보고하였다.

임금이 크게 감동하여 같이 가보자 하였다.

그 산속에 당도해보니 얼어 죽은 동생 이모의 팔 모양이 어서 가라는 손짓 그대로 굳어 있었다.

임금이 이모의 정신을 높이 여겨 장사를 후히 치르도록 하였다.

정산종사는 위의 예화를 말씀하시고 "문명국의 민족은 개인행동을 할 때 국가본위 민족본위로 하나니, 여러분은 원불교 본위로 행동을 하라."고 하시었다

삼고초려

중국의 소열 황제 유비는 한(漢)나라 왕실의 부흥을 위해 군사를 일으켰다. 그러나 늘 조조 군에게 고전을 면치 못했다.

어느 날 유비는 은사(隱士)인 사마휘에게 군사(軍師)를 추천해 달라고 하자 그는 제갈공명을 추천했다.

유비는 즉시 수레에 예물을 싣고 제갈공명의 초가집을 찾아갔으나 외출하고 없었다.

두 번째도 찾아 갔으나 역시 없었다. 유비는 의형제인 관우·장비의 불평에도 불구하고 세 번째 찾아갔다.

마침 제갈공명이 낮잠을 자고 있어 유비는 문 밖에서 한참을 기다려 그를 만났다.

유비의 정성에 감동한 제갈공명은 유비의 군사(軍師)가 되어 조조의 십만 대군을 격파하는 등 많은 전공을 세웠다.

송홍의 뜻

옛날 중국 한(漢)나라의 광무제(光武帝)에게 한 공주가 있었다. 광무제가 공주에게 혼인에 대하여 물었다.

"대신 중 누가 마음에 드는지 보라."

공주가 그 중 송홍(宋鴻)이란 사람이 마음에 든다 하여, 왕이 하루는 조회 끝에 송홍을 불러 말했다.

"부(富)하면 아내를 고친다는 말이 있으니, 그 말이 어떠한가?"

송홍이 대답하였다.

"빈재지교(貧財之交)는 불가망(不可忘)이요, 조강지처(糟糠之妻)는 불하당(不下堂)입니다."

광무제는 곧 공주에게 말했다.

"틀렸다."

광무제는 송홍의 뜻을 뺏지 못한다는 것을 알았기 때문이다.

정산종사는 위의 예화를 말씀하시고 "어떠한 처지에도 근본을 잃지 않는 후진들이 되라."고 하시었다.

왕절 선생에게 알리지 마십시오

　왕절이라는 사람이 있었다.
　이웃에 도둑이 들어 그 주인이 잡아서 죽도록 두들겨 패자 도둑이 곧 죽어가면서도 간청을 하였다,
　"나는 죽어도 좋지만 이 사실을 왕절 선생에게는 알리지 마십시오."
　그 주인이 이를 이상히 여겨 왕절 선생을 청해 도둑이 한 말을 물으니 말하였다.
　"나에게 알리지 말라고 하는 것은 내가 알게 됨으로써 부끄러워하는 마음 즉, 양심이 있기 때문이다. 도둑질한 것은 잘못이지만 양심을 가지고 있는 자라 그 상으로 벼 한 가마를 주노라."
　그 도둑은 도둑질한 것을 깊이 개과(改過)하고 좋은 사람이 되겠다고 맹세를 했다.
　이러한 일이 있은 후 많은 세월이 흘렀다. 어느 날 그 주인이 보검 한 자루를 잃어버리고 찾던 중 어떤 도복(道服)을 입은 사람이 찾아 주기에 이름을 물었으나 대답을 하지 않고 떠나 버렸다. 이상히 여기던 중 나중에 알고 보니 오래 전 자기 집에 도둑으로 들어왔다가 죽도록 매를 맞은 그 사람이라는 것을 알았다.

　정산종사는 위의 예화를 말씀하시고 "한 때에 중죄(重罪)를 지었

더라도 진심으로 개과하면 군자가 될 수 있나니, 인류에 있어서 가장 희망적이고 좋은 소식은 양심부활이다."고 하시었다.

부자 석숭

　석숭(石崇)이는 소년시절에 소금장사로 돌아다니다가 자기 집으로 돌아가는 길에 날이 저물어 어느 부잣집을 찾아가 쉬어 가기를 청하였다.
　그러나 그 집에는 처녀 하나뿐인지라 자고 가기를 거절하였다. 그런데 그 거절하는 이유는 처녀 혼자 있기 때문이 아니라 며칠을 두고 거듭 할아버지 아버지 오빠 할 것 없이 다 귀신이 데려가 버리고 이젠 마지막으로 자기 차지이기 때문이었다.
　석숭이 사정사정하여 그 집 대문간에서 하루 밤을 자는데 밤중에 말굽 소리가 요란하더니 대문을 열라고 하여 석숭이가 가서 문을 열고 맞아 들여놓고 보니 우람하게 생긴 장군이었다.
　장군은 석숭이 더러 "너는 누구냐?" 하였다.
　석숭이 자기의 보잘 것 없는 신분을 말하여 주었더니 또 물었다.
　"너는 초패왕(楚覇王, 항우)을 아느냐?"

석숭이 대답하였다.

"그는 영웅인데 때를 못 만나 억울하게 죽었습니다."

석숭의 말을 들은 장군은 안도의 숨을 쉬면서 지금까지 맺힌 한을 풀었다고 하였다.

자기는 이집 할아버지가 항시 내 욕을 하므로 무엇 때문에 내 욕을 하는지 물어보려고 오기만하면 죽고 죽어 집안 식구들이 다 죽었으므로 오늘 밤은 처녀에게 물어보려고 했다면서 이제 너의 말을 들으니 한이 풀려 다시 돌아간다. 너는 그 처녀와 결혼을 하여 살면서 내가 싸울 때 군량미로 쓸려고 금을 여기 묻어두었으니 파다가 잘 살아라 하였다.

과연 그대로 하였더니 그 후로는 무슨 일이던지 한번 시작하면 다 성공하여 큰 부자가 되었다.

정산종사는 위의 예화를 말씀하시고 "범인은 승리를 획득하는 방법을 알지 못하고 그저 권세와 무기를 남용하나니, 어찌 승리가 있으리오. 최후의 승리를 얻는 것은 오직 정법뿐이다.

제 아무리 흠천동지(歆天動地)하는 영웅이나 옛날 중국의 석숭이 같은 부자라도 정법에는 굴복하고 만다."고 하시었다.

소공이라는 사람

　소공이라는 사람은 어찌나 덕(德)이 많았던지 돌아가신 후에도 소문이 자자하였다.
　어떤 마을에 정자나무가 있어 사람들이 베려하거늘 노인들이 못 베게 말리며 말했다.
　"이 정자나무는 소공이라는 어른이 쉬었던 나무인데 어찌 베려하느냐?"

　정산종사는 《시전(詩傳)》에 나오는 위의 예화를 말씀하시고 "모두 덕(德)이 남아있는 증거이다."고 하시었다.

문을 지킨 후영

옛날 중국에 후영(候嬴)이라는 사람이 있었다.
그는 역량과 재주가 장(壯)하여 그의 이름이 세상에 떨쳤다.
그런데 그의 업(業)은 매일 동리(洞里)의 문을 지키는 일이었다.
이때 천하 사람들은 크게 놀래어 말하였다.
"그 동리의 문은 대체 무슨 문이며 얼마나 장한 문인가?"
누구나 우러러보지 않은 자가 없었으나 나중에 자세히 알고 보니 동네의 조그마한 문이라고 역사적으로 나타나 있었다.

정산종사는 위의 예화를 말씀하시고 "과연 그렇도다. 작은 문, 별스럽지 않는 문이건만 역량이 크고 재능이 있으며 명망이 있는 분이 지킴으로써 그 문이 들어났도다."고 하시었다.

정북창의 두 아들

조선 중기에 정북창(鄭北窓, 鄭磏)이 관찰사로 내려 갔을 때 그 지방 이방 두 명이 역대의 관찰사에게 요사스런 짓을 해서 그 고을 관찰사를 쫓아 버리는 아주 고약한 사람이 있다는 제보를 받고 그 곳에 부임하자마자 이방 둘을 잡아서 당장 처형해 버렸는데 그들은 눈을 부릅뜨고 죽었다.

그 후 정북창이 늘그막에 두 명의 쌍둥이를 낳게 되었다. 정북창이 태어난 아들의 눈을 보니 그때에 처형시킨 이방의 눈과 같았다. 북창은 모든 것을 단념하고 무심하였다. 주위에서는 큰 경사라고 떠들어 대지만 북창은 오직 바둑이나 두고 지낼 뿐이었다. 아이들이 자라서 15세에 과거급제를 하였다. 그러나 북창은 역시 아무 표정 없이 지낼 뿐이었다.

두 아들은 아버지께 인사를 하고 물러나 담 위에 놀다가 옷깃에 발이 밟혀 떨어져 죽었다. 북창은 또 무심히 장례를 치루며 하인을 시켜 무덤을 쓰고 멀리서 엿듣게 하였다.

두 아들이 무덤에서 하얀 소복을 입고 나오더니 말했다.

"앗다! 그놈 독한 놈이다. 우리가 원수를 갚으려고 했더니 안 되겠다. 그만 가세."

정산종사는 위의 예화를 말씀하시고 "금강경(金剛經)에도 '오직 칠보(七寶) 장식보다 참 마음이 제일이라' 한 것은, 칠보는 다 할 날이 있으며 또한 재앙을 불러들이나니 좋은 일념(一念)으로 공덕을 쌓는 것만 못하다는 말씀이다. 그러므로 남한테 이(利)나 해(害)나 간에 좋은 마음 받는 것같이 큰 이익이 없고 낮은 마음 갖는 것같이 큰 해독이 없는 것임을 잘 알아서 좋은 마음씨 내는 데 힘쓸 것이다."고 하시었다.

박문수와 조태채

조선시대 박문수(朴文秀)는 암행어사로 덕망이 유명하고 아주 훌륭한 분이건만 그러나 조태채(趙太菜)와는 대대로 내려오는 원수지간이다. 그래서 '태채'라는 그 이름조차 듣기 싫어 어떻든 콩나물을 먹게 되면 콩나물 대가리를 잘라 먹으면서 "조태채 목을 이 콩나물 대가리 자르듯 해야 한다."고 하며, 항상 죽이려는 마음을 가지고 있을 정도였다.

그러던 어느 해 큰 난리가 일어나 대장 감을 고르게 되어 임금이 박문수에게 대장 감을 선택하라는 명령을 내리자 모두들 조태채도 훌륭한 대장감이나 본래 박문수와는 원수지간이라 뽑지 않을 것이라 하고, 상하 인심이 소란한 그때 박문수는 서슴지 않고 생각지도 않은 듯이 바로 원수 시 하던 조태채를 뽑았다. 그러자 모두 놀라서 박문수에게 물었다.

"평소에 원수로 여기던 조태채를 대장으로 택하니 그 이유를 알고 싶습니다."

박문수가 말했다.

"조태채는 나 문수 개인과 원수일 뿐 나라 일에는 그 사람이 적임이니, 나라와는 원수가 아니거늘 어찌 그 사람을 택하지 않으리오."

정산종사는 위의 예화를 말씀하시고 "그 얼마나 거룩한 결정인가. 그 당시 물론 박문수의 수하에 조태채 못지않은 장수가 있었으나 조태채가 더 나았기에 뽑았던 것이다.

천하의 인심이 박문수가 자기의 수하를 대장으로 뽑을 줄 알았으나 조태채를 뽑은 까닭은 곧 지심탕탕(持心蕩蕩) 여허공(如虛空)하였기 때문이니라."고 하시었다.

노총각의 소원

옛날 두메산골에 나이 서른이 넘은 노총각이 하루는 산마루에 앉아 신세타령을 하고 있는데 마침 한 스님이 지나다가 이 모양을 보고 일러 주었다.

"아무리 못난 사람이라도 이생에 복을 지으면 내생에 잘 살 수 있다."

이를 계기로 노총각은 험하고 높은 고갯마루에 움막을 짓고 샘을 파서 그 고개를 넘어가는 나그네들에게 여름에는 시원한 샘물을 제공하고 겨울에는 따뜻한 온돌방에서 추위를 피할 수 있게 해주며 또한 짚신을 삼아 보시했다.

그러던 어느 날, 어사 박문수가 이 재를 넘다가 대접을 받고 노총각에 물었다.

"어찌하여 장가도 아니 가고 이와 같이 남을 위해서 좋은 일을 하느냐?"

"전생에 복을 못 지어 이생에 잘 살지 못하니 내생에나 잘 되고 싶어서 이러고 있습니다."

"그러면 내생에는 무엇이 되고 싶으냐?"

"내생에는 왕이 되고 싶습니다."

이에 박 어사는 외람되게 감히 왕이 되려 한다고 야단을 쳤다.

이런 일이 있은 지 몇 해 후에 숙종 임금께서 왕자를 낳았는데 이 왕자가 박 어사만 보면 질색을 하므로, 임금이 괴이히 여겨 필시 무슨 곡절이 있으리라 생각하고 박 어사에게 여러 가지로 물어본 결과 그 내막을 짐작하고 하루는 박 어사와 미리 약속을 하고 왕자의 원(怨)을 풀어주기 위하여 왕자 앞에서 짐짓 박 어사를 야단하고, 그래도 원이 남아 있을까 보아 나중에 왕자의 스승이 되어 가르치게 하였다.

정산종사는 위의 예화를 말씀하시고 "사람이 잘 낫거나 못 낫거나 진실하고 공심이 있으면 언젠가는 큰 복을 수용하게 되는 것이다.

사람을 보되 세상 사람이 보는 바와 부처님이 보는 바가 다르다. 세상 사람은 인물과 학벌과 지위 등 나타나는 것을 주로 보나 부처님은 진실한 공심과 인내력 등 숨어 있는 용심법(用心法)을 주로 본다."고 하시었다.

숙종대왕의 의형제

조선시대 숙종대왕이 인재를 구하려고 평복을 하고 돌아다니던 중에 어느 촌가에 장씨 노인 하나가 짚신을 삼고 있으므로 대왕은 여러 차례 심리를 조사하여 보니 과연 군자이므로 대왕은 매일 다니면서 가히 심간(心肝)을 통할만한 지경에까지 이르자 의형제를 맺어 생사를 같이 하자고 하였다.

그러던 어느 날, 하루는 대왕이 말하였다.

"우리가 힘을 합쳐 숙종을 퇴위시키고 자손만대의 영락을 누리자."

노인이 이 말을 듣고 대노하여 말하였다.

"신하로서 군주를 훼손함은 불충이라 아니 할 수 없고, 형의 말을 듣지 아니함은 의형제의 신의가 아니므로 양반이라 할 수 없으니, 이 자리에서 생사를 같이 하자."

노인이 단도를 들고 달려들거늘, 대왕이 겨우 잘못을 빌어 생명을 부지하고 돌아와서 후일에 사신에게 "노인을 부르라"하여 노인을 대리고 왔다. 노인이 경황하며 무슨 영문인 줄도 모르고 어전에 당도하고 보니 그 동안 심간을 통해 왔던 그 사람이 아닌가.

대왕이 말하되 "나는 어제까지 의형제를 맺은 형이었으니 오늘부터는 나와 함께 나라 일에 힘써 달라"하고는 대장(大將)의 위(位)를 하사하였다.

그 후 대왕이 병중에 있을 때 그 장대장(張大將)이 정기로써 병을 물리쳐 왕의 명(命)을 연속하였다.

정산종사는 청년 남녀들에게 무궁한 세상의 보물이 되고, 성공의 좋은 사다리가 되는 신의에 대한 말씀으로 위의 예화를 말씀하시고 "이 얼마나 장한 신의이며 의절(義節)인가. 그 당시 장대장의 하늘을 꿰뚫는 신의가 아니었더라면 후일에 어찌 대장이 되였으리요." 라고 하시었다.

사람 같지 않는 놈

이퇴계 선생이 관직에 있을 때였다.
하루는 이방이 도적을 잡아오자 말하기를 "예-끼, 사람 같지 않은 놈"하고는 "내 보내라"하였다.
이방이 생각하기에 죄벌이 너무 경(輕)한 것 같아 그 이유를 여쭈니 말했다.
"사람을 보고 사람 같지 않다. 라고 한 것보다 더 무서운 중벌이 어디 있겠느냐!"

율곡의 두 제자

이율곡 선생이 하루는 제자 두 사람을 불러 말했다.
"너희들이 출세(出世)할 때가 돌아왔으니, 세상에 나아가서 제일 좋은 것을 가져오라."
그러자 한 제자가 생화(生花)를 가지고 와서 드리니, 율곡 선생이 보고 말했다.
"너는 세상에 나아가면 부귀를 누리게 되리라. 그러나 영화(榮華)를 조심하라."
또 한 제자는 지화(紙花)를 가져왔는지라 말했다.
"너는 바로 부귀는 이루지 못하나 한번 부귀를 이루면 영원히 멸하지 않고 담담한 진미(眞味)를 보리라."

정산종사는 위의 예화를 말씀하시고 "생화는 그 당장은 아름다움이 고상해서 많은 사람으로 더불어 즐겨하지 않는 사람이 없고, 구하고자 않을 사람이 없으며, 따라서 사랑하고 귀히 여기지 않을 사람이 없을 것이나, 그 아름다움이 오래 가지 못하고 섭섭하게 사라지게 되므로 생화를 가진 사람은 영화를 누리되 간단(間斷)이 있다 하셨던 것이다.
지화란 종이인지라 그 꽃이 심히 아름답지 못한 것은 사실이나 무릇 종이란 영존(永存)하는 성질이 있는지라 그 지화의 본질에 따라 바로는 부귀를 이루지 못할지라도 영원성이 있는 까닭이다.
 생화 같고 감주(甘酒) 같은 영화에만 집착하지 말고 냉수 같은 수도에 전력하여 영원토록 출신(出身)의 복락을 누릴지어다."고 하시었다.

이우경의 후회

 조선 광해군 시대에 청렴한 학자인 이우경이 있었다.
 그 시대는 간신의 무리가 득세를 하고 충신은 역적으로 몰리는 판이었다. 이때 소인 간신의 무리들이 이우경에게 벼슬하기를 청하였으나 이우경은 입이 곧아 비록 진사 벼슬에 있었으나 고관대작까지라도 그의 바른 말에는 꼼짝 달싹도 못하고 쩔쩔 맬 지경이어서 대단히 어렵게 여기고 있던 차였다.
 그래서 이우경을 소인의 간신 무리들이 모셔다가 높은 벼슬을 드리려 하였으나 이우경은 굳이 듣지 않고 빈한(貧寒)한 살림만을 하고 있었다.
 이럭저럭 8~9년이란 긴 세월을 지내오는 중 9년째 되던 섣달그믐에 이웃집은 다 설을 차리느라고 떡도 치고 옷도 짓고 하였다. 그러나 이우경의 집만은 먹을 것도 입을 것도 없는 청빈한 선비의 집이었다. 아이들은 밥 달라고 철없이 조르니, 할 수 없어 부인이 이웃집에 가서 일을 해주고 쌀을 한 되 얻었으나 나무가 없어 밥을 지을 수가 없자 자기 집 기둥을 깎아서 나무를 장만하려다 할 줄 모르는 낫질과 신세 한탄을 하다가, 그만 낫으로 자기 손을 베어 유혈이 낭자하여 아픔과 설움에 못 이겨 울고 고민하였다. 아내를 본 이우경도 할 수 없이 소인의 간신 무리에게 벼슬을 하겠다는 편지(便紙)를 하였다. 소인들은 이 청빈하고 고준한 학자를 당장에 경상감사를 맡기었다.

경상감사로 약 4개월간은 그래도 호강을 했으나 운수가 불길하여 소인의 무리가 역적으로 몰리는 판에, 이우경도 그만 옥에 갇히게 되었다.

이우경이 옥중에서 가만히 생각하니 후회막급이 아닐 수 없었다.

정산종사는 위의 예화를 말씀하시고 "곧 내내 참고 잘하다가 최후 일념을 잘못하여 전날에 잘한 것은 수포로 돌아가고, 천추만대에 역적의 역사를 남기게 되었으니 어찌 후회스럽지 않겠는가?"라고 하시었다.

재상의 수염

옛날 어느 나라 재상의 수염이 두 자나 되었다.

하루는 임금이 재상에게 물었다.

"경의 수염은 두 자나 되니 잠잘 때에는 어찌하고 자는가?"

평소에 되는 대로 잤을 뿐 전혀 기억이 나지 않으나 그 말을 들은 후로는 마음에 경계가 생겨, 수염을 이불 속에 넣고 자도 편하지가 않고, 이불 밖으로 내어놓고 자도 편하지를 않았다.

정산종사는 위의 예화를 말씀하시고 "사람마다 순역경계를 당해 보면 마음이 불안하고 고민이 되는 것도 이와 같다."고 하시었다.

황희와 두문동

두문동(경기도 개풍군 광덕산 기슭에 있는 마을)에서 조선왕조에 참여하기를 거부하고 고려에 대한 충절을 지키고자 했던 120여 명(무신 48인 포함)의 선비들이 동서로 나뉘어 은거생활을 했다.

백성을 위한 정치를 펴기 위해 뛰어난 일꾼이 필요했던 이태조는 두문동에 사람을 보내 새 왕조에 협조해 줄 것을 요청했다. 하지만 아무도 태조의 요청에 응하지 않았다. 이때 가장 나이 많은 원로 선비가 제안하였다.

"고려의 신하 된 몸으로 조선에서 벼슬을 한다는 것은 수치스러운 일이나 지금의 백성들은 고려의 백성들이기도 하오. 우리 가운데 한 사람을 뽑아 죄 없는 백성들을 보살필 수 있도록 세상에 내보내는 게 좋을 듯하오."

나라는 바뀌어도 백성들은 고려의 백성들이라는 제안에, 고려의 충신들은 논의 끝에 가장 나이가 젊은 황희를 내보내기로 결정했다. 물론 황희는 이들의 결정에 반발하고 나섰으나, "이미 늙은 선비들은 고려에 대한 충절을 바라보고 얼마 남지 않은 삶을 살다 죽으면 영광이지만, 비록 새 왕조에서나마 도탄에 빠진 백성을 위해 황희 같은 젊은 선비가 나서야 한다."는 설득에 조선에서의 관직생활을 시작하게 되었다.

이태조는 그 후에도 두문동 선비들을 조정에 참여시키기 위해 최선을 다해 설득했지만 더 이상의 협조자는 없었다. 이에 태조는 마지막 협박 수단으로 두문동 주위에 짚더미를 쌓고 통로를 하나만 만들어 놓은 다음 불을 질렀다. 그러나 두문동에 있던 고려 충신들은 한 사람도 뛰쳐나오지 않고 모두 불에 타 죽고 말았다.

이때부터 한 곳에 틀어 박혀 출입하지 않는 사람을 '두문불출(杜門不出)한다'고 부르게 되었다.

정산종사는 위의 예화를 말씀하시고 "방촌 황희는 고려의 신하로서 조선에 사(仕)하되 녹(祿)을 받지 아니한 절개와 또 민족과 국가를 위하여 누명을 무릅쓰고 대중을 위하여 사(仕)하는 위공심(爲公心)을 가졌으며, 집에 있을 때는 소가 구멍으로 들어간다 해도 시인하는 온후한 장자(長子)가 김종서를 대하여 국재(國材)로 만들기 위해서는 일호의 용서가 없었던 엄격은 위공자(爲公者)의 사표가 되기에 넉넉할 것이다."고 하시었다.

황희와 봉물

　방촌 황희정승은 모난 소리를 못하고 침착하고 어질기로 유명하다.
　그의 딸이 "아버님, 소가 쥐구멍에 들어가려고 해요."하니 "그 소가 멍청하여 그럴 것이다."하고, 또 "그것이 거짓말 이예요."라고 하니 "그러면 그렇지, 아무리 한들 소가 쥐구멍에 들어가겠느냐!"고 하여 일가족이 웃었다는 말이 있을 만치 원만하고 모남이 없었다.
　그러나 김종서에게는 잘못한 점이 있을 때 절대 용서가 없었다. 하루는 김종서가 나라 국사를 의논키로 자기 집에 대신들을 모이라 하여 음식을 공양하였다.
　이때 황희정승이 꾸중하였다.
　"이는 나라 재산으로 아첨하는 것이 아니냐?"
　황희정승이 연로하여 돌아가실 때 이르니, 세종대왕이 물었다.
　"그대가 간 후에는 누구를 스승으로 하면 좋겠소?"
　황희정승이 대답하였다.
　"김종서가 있나이다."
　그 후 김종서가 6진을 개척해서 공을 세우고 왕을 배반한다는 소문이 들리었으나, 황희정승의 유언과 뜻을 존중히 알아서 그 소문에 흔들리지 않고 김종서를 신임하였다.
　황희정승은 고려의 충신으로 이씨 조선 조정에 나갔으나 절대 이

조의 녹(祿)에는 손도 대지 아니하고, 오직 조선 민족만을 위하여 열렬히 정사만을 돌보았다. 그러니 사가는 빈곤하기 짝이 없어서 비가 오면 우산으로 비를 막고 외출을 할 때에는 한 가지 옷을 차례로 입고 다녔다.

임금이 하도 딱하여 황희정승에게 말했다.

"나라 백성이 드리는 오늘 하루의 봉물(封物)만큼은 받아 주시오."

이날 하루의 봉물(封物)을 황희정승께 드리려 하니 그날은 아침부터 비가 와서 인적이 드물고, 석양에서야 비가 그쳐 가져온 봉물은 계란이 유일한 것인데 이마저도 유골(遺骨)이 되고 말았다.

정산종사는 위의 예화를 말씀하시고 "황희정승이 이조의 녹은 안 먹겠다는 뜻이 철저하였기 때문에 하늘도 비를 내려 그 뜻을 지켜 준 것이다. 황희정승으로 말하면 온후하고 법이 있고, 규모가 있고 절개가 무서웠다. 민족을 사랑하고 위하는 심정은 말할 수 없었으나 또한 청렴결백도 따를 사람이 없었다."

하시고 이어서 "벌레를 보고 '나나나' 하면 나나니가 되듯이 부처와 성현이 따로 있는 것이 아니라 성현을 숭배하여 그와 같이 본을 뜨고 그와 같이 행하고 보면 그가 곧 성현이다. 황희정승의 정신을 본받아라."고 하시었다.

검정 소와 누렁 소

방촌 황희정승이 민정을 살피기 위하여 어느 농촌을 지나다가 소 두 마리로 쟁기질 하는 농부를 보고 큰 소리로 물었다.

"노란 소와 검정 소 가운데 어떤 소가 더 쟁기질을 잘 하오?"

농부가 황희정승 가까이까지 걸어와서 가만히 귀에다 대고 대답했다.

"검정 소가 더 잘합니다."

황희정승이 이상히 여겨 또 물었다.

"거기서 대답해도 될 것을 여기까지 나와서 귀속 말을 하는 이유는 무엇이오?"

농부는 여전히 작은 소리로 대답했다.

"아무리 짐승이지만 잘못한다 하면 섭섭하지 않겠습니까?"

황희정승은 이에 느낀 바 있어 그 후로는 남의 잘못을 드러내는 말을 하지 않았다 한다.

하루는 황희정승에게 집에 일하는 아이들이 짐짓 말하였다.

"황소가 쥐구멍으로 들어갑니다."

"멍청한 것이 그럴 것이다."

이렇게 황희정승이 대답했는데 다른 사람이 와서 말했다.

"어떻게 황소가 쥐구멍으로 들어가겠습니까?"

"그렇지, 황소가 쥐구멍으로 들어갈 수 없을 것이다."

옆에 모시고 있던 사람이 말했다.

"이 말도 옳고 저 말도 옳다 하시니 어떻게 대중을 잡겠습니까?"

"대체 네 말도 옳다."

정산종사는 위의 예화를 말씀하시고 "황희정승과 같이, 남의 잘못을 말하지 않는 너그러운 심법을 가져야 한다."고 하시었다.

황희정승에 대한 일화가 다음과 같이 전해오기도 한다.

고려 공양왕 2년(1390) 황희는 지난해에 과거에 합격한 후 적성(積城)고을의 훈도(訓導)를 지내는 중이었다.

고려 때의 훈도는 서당의 훈장노릇도 하면서 사또의 일을 도와주는 일을 겸하였다. 사또가 없을 때에는 일을 대리하기도 하는데, 황희는 유능하고 성실하여 누구에게나 널리 인정받았다.

사또인 김명원은 송사문제로 항상 골치를 앓았는데 황희가 대신 나서서 잘 처리하였다. 김명원은 흡족한 표정으로 황희를 극구 칭찬하면서 모처럼 휴가를 주었다.

황희는 오랜만에 나귀를 타고 개경 집으로 가고 있었다. 어서 부모님을 뵙고픈 마음에 뙤약볕이 내리쬐는 길을 급하게 가느라고 따가운 햇볕에 얼굴이 타고 자꾸만 땀이 흘러내려 몰골이 말이 아니었다. 지름길로 가고자 외딴길에 접어들어 마침 나무 그늘이 있어 나귀를 매어놓고 땀을 닦아내며 잠시 쉬고 있었다.

바로 그때에 검정 소와 누렁 소를 몰면서 밭을 갈고 있던 농부가 일손을 멈추고 황희가 쉬고 있는 곳으로 다가왔다. 이북지방에서는 소 두 마리로 쟁기질을 하였다. 나이가 지긋한 그 농부는 어딘가 모르게 예사 사람과는 다르게 느껴졌다.

"자, 여기에 앉으시지요. 더운 날씨에 참으로 수고가 많으십니다."

"젊은이, 참으로 고맙소."

농부는 황희의 곁에 앉더니 그를 찬찬히 바라보았다. 그러더니 고개를 천천히 끄덕거리며 나직이 혼자 말처럼 말했다.

"아하, 참으로 귀상(貴相)이로다."

얼마 후 농부가 황희에게 물었다.

"선비가 바로 황희라는 사람이오?"

"네엣? 어르신께서는 어떻게?"

"허허허, 역시 그렇구먼, 참으로 크게 될 인물이로다. 그래 과거는 보았소?"

"네, 작년에 문과에 급제하였습니다."

"장수가 나면 용마(龍馬)가 나고 봉(鳳)이 나면 황(凰)이 나는 법인데 아직은 선비의 때가 아니지!"

"무슨 말씀이신지요?"

"아니오, 나 혼자 그냥 한 말이었소."

그때 바로 두 사람 앞에서 되새김질을 하던 검정 소가 '움 메 에' 울음을 길게 목청껏 뽑자 누렁 소도 따라서 울었다.

"어르신, 저기 검정 소와 누렁 소 중에 어느 것이 더 일을 잘하는 지요."

"잠깐 귀 좀 빌립시다. 저 소 중에서 누렁 소가 일하는 것이 한결 낫소."

황희는 눈을 동그랗게 뜨면서 다시 물었다.

"어르신께서는 무엇 때문에 제 귀에다 대고 은밀하게 대답하시는 것입니까?"

"허허허, 아무리 짐승이라도 자기 흉을 보는 걸 싫어 하니까 기분을 상하지 않게 하려는 뜻이오."

"아하, 그러셨군요. 그 깊은 뜻을 알 수 있을 것 같습니다."

"짐승조차도 자기를 흉보면 싫어하는데 사람이야 오죽하겠소."

"네, 잘 알겠습니다."

"선비는 들으시오. 장차 선비는 거구생신(去舊生新)의 때가 오면 새 터전을 개척하여 옥토로 가꾸는 중임을 맡게 될 것이오. 그때 내 말을 참작하기 바라오. 선비는 훌륭한 가문에서 태어나 급제까지 했으나 자신을 함부로 드러내지 않는 깊은 심지를 지녔소. 그러한 장점을 더욱 살리시오. 국가의 중임을 맡아 수행할 때 항시 조화와 인화에 힘써 인재를 고루 포용해야 하오. 선비는 장차 새 시대가 도래 할 때 역사를 경작할 큰 임무를 맡을 것이오. 역사를 경작하는 데 있어 황폐한 땅의 가시덤불을 베어내고, 불을 지르고, 개간을 하고 옥토를 만들어야 하오. 나라를 다스리는 과정에 있어 농사의 한 철은 백년대계(百年大計)에 비유하지, 민족적인 대동단결에 저력이

발동하는 태동기간은 천년대계(千年大計)에 비유할 수 있지. 그런데 선비는 이 민족의 만년대계 추수기에 앞서 역사의 밭을 경작하는 가장 큰 몫의 일을 해낼 소의 역할을 타고났소."

"하오면 그 소의 등에 쟁기를 메워 일할 소몰이꾼은 누구인지요?"

"허허허, 성인요세출(聖人要世出)이라, 그는 아직 다섯 살도 안 된 잠용(潛龍)이오. 수면으로 서서히 자태를 드러낼 때까지 그대는 때를 기다려야지. 후일에 그대와 그 잠용은(훗날 세종) 역사의 경작꾼으로서 길이 남아서 칭송될 것이오. 그러기 위해서는 지금의 작은 벼슬자리에서 물러나 후일에 대비하오. 천하를 주유하며 견문을 넓히고 더욱 학문과 수양을 쌓으시오."

"가르치심을 깊이 명심하겠습니다. 하온데 어르신이 뉘신지 존함을 알려주셨으면……."

"허허허, 곧 알게 될 테니 어서 집으로 가오."

황희는 궁금했지만 더 이상 묻기도 어려워 이상한 농부에게 인사를 드리고 나귀에 올랐다. 한참 오다가 뒤돌아보니 농부와 소들은 어디로 갔는지 보이지 않았다.

이상한 농부의 말은 너무나도 강렬하게 황희의 마음을 사로잡았다.

구봉과 사계

 옛날 사계 김장생(沙溪 金長生)의 부친 황강공(黃康公, 金繼輝)이 친구인 구봉 송익필(龜峰 宋翼弼)에게 사계를 맡기면서 부탁하였다.
 "앞으로 10년 동안 자식을 만나보지도 않을 것이요, 일체 의식 용돈을 준비하여 보낼 터이니 잘 가르쳐 주오."
 구봉이 말했다.
 "금방 한 약속을 그대로 지켜 준다면 내가 맡아서 한 번 공을 들여 보겠네."
 그 후 8년이 지나자 사계의 부친은 독자(獨子)를 한 번 만나볼 마음이 간절해졌다. 그리하여 '가만히 한 번 보고만 오리라'고 마음먹고 구봉의 처소가 바로 보이는 고갯마루까지 가서 앉아 있었다.
 때마침 사계가 그 산에서 나무를 해 가지고 내려오는데 그 몰골이 말이 아니었다.
 한강공이 사계에게 물었다.
 "그 동안 무슨 글을 배웠느냐."
 "8년 전 집에서 가지고 온 《사략(史略)》한 권도 다 못 떼었습니다."
 사계의 부친은 어이가 없어서 곧 구봉에게 달려가 따졌다. 구봉이 말했다.

"애써서 배우지 아니하고 잘 알면 더 좋지 않은가?"

구봉이 사계에게 말했다.

"집에서 가져온 모든 책들을 낱낱이 가지고 와서 읽고 새겨 보라."

사계는 처음 보는 책이지만 서슴없이 가지고 온 책들을 샅샅이 읽고 새겨 내려갔다. 사계의 부친이 무안하여 구봉에게 사죄하며 사정했다.

"자식을 그대로 맡기고 갈 터이니 십 년을 채워 주소."

구봉이 말했다.

"2년을 더 둔들 마찬 가지네, 그 동안 8년을 저 아이가 일호의 사심이 없이 일심뿐이었지만 이제 자네를 본 뒤부터는 집에 갈 사심과 호화로운 데로 마음이 흔들리어 일심은 어긋났으니 여기에 있으나 없으나 더 이상 진보는 없을 것이니 데리고 가게. 내가 장차 세계의 인물로 키우려 했는데 조선의 인물은 될 걸세."

구봉은 사계를 돌려보냈다.

정산종사는 위의 예화를 말씀하시고 "대종사님께서 매 선기 때마다 사계 김장생이 구봉 송익필에게 공부한 경로에 대하여 말씀하시었다."고 하시고 "우리 집 공부도 책을 여러 가지 많이 보는 것이 공부가 많이 되는 것처럼 생각할 수 있으나 그런 것보다 교강 9조(일상수행요법)만 통달한다면 그것 한 가지로도 능히 성불할 수 있다."고 하시었다

이순신장군의 충성

 이순신장군은 충성과 절의와 예지와 기능이 출중한 대원수이었다. 원균의 모함으로 사형을 당하게 되자, 유성룡재상이 눈물로 선조대왕께 간하기를 몇 차례, 결국 선조대왕은 이순신장군의 사형을 면하고 마부의 책임을 주었다.
 그러다가 정유년 난리에 다시 삼도수군도통사로 출정하였다. 겨우 어선 몇 척 있는 것을 가지고도 충성과 예지로 울돌목에서 나라를 구하는 데 전력하다가, 왜적의 화살을 맞아 죽으면서도 "나의 죽음을 알리지 말라."하며 승리로 이끌었다.

 정산종사는 위의 예화를 말씀하시고 "여러 동지가 몰라준다고 알뜰한 공심을 퇴보시키고, 공부심을 퇴보시키는 일은 절대 대의(大義)를 모르는 일이다."고 하시었다.

이순신장군의 제문

 이순신장군은 피난하여 고생하는 민중을 보고 말에서 내려 위로하고, 필승의 신념으로 부하를 격려하였고, 전쟁의 승전을 앞두고 배 위에 나와서 지휘하다가 적의 화살에 돌아가셨다.
 이순신장군은 "당분간 나의 죽음을 절대 비밀로 하고 적에게 알리지 말라."고 하였다.
 선조대왕이 이순신장군의 제문(祭文)에 "나는 그대를 버렸지마는 그대는 나를 버리지 않았도다."하며 그 공을 찬양하며 슬퍼하였다.

수레에서 내려가다

 거배옥이란 사람은 밤이라도 임금이 계신 곳을 지날 때에는 수레에서 내려 걸어서 그곳을 지난 후에야 다시 수레를 타고 갔다.

 정산종사는 위의 예화를 말씀하시고 "사람이란 음덕(陰德)을 쌓을수록 복덕이 무겁고 크다."고 하시었다.

삼백 냥에 산 금언

 한 임금님이 변장을 하고 백성들의 사는 모습을 살피러 나왔다가 말했다.
 "일생의 보물이 될 말을 선사하면 큰 상을 주리라."
 어느 이발사가 "제가 답을 하겠습니다."하면서 말했다.
 "일을 행하기 전에 생각하고, 일을 마친 후에 반성하라."
 임금이 더하여 보라 하니, "군자(君子)는 대로행(大路行)이라."하는지라 또 더하여 보라하니, "늙은 남자와 젊은 아내를 조심하라." 하였다.
 임금은 큰 상을 준다고 약속하였으니 일을 마친 후에 약속을 지켜야 할 상황이었다. 금언 세 마디를 하였으니 삼백 냥을 주게 되었다.
 임금이 재미있게 생각하고 궁궐로 돌아오는데, 지름길로 가면 빠르겠다. 하고서 걸음을 내딛다가 '군자는 대로행이라' 하던 말이 생각나서 큰 길로 가게 되었다.
 사실은 역적을 모의하던 자가 임금의 뒤를 밟다가 없앨 속셈이었으나 큰 길로 가는지라 일을 도모하지 못하게 되었다.
 궁궐에 당도하여 왕비의 처소로 가니 늙은 신하와 같이 있는 것이 아닌가! 그자는 바로 역적을 도모하는 우두머리 신하로서 왕비를 가까이 하여 임금을 죽이고 함께 살 속셈이었던 것이다.

임금은 그 신하를 처형하고 선정으로 나라를 잘 다스렸다.

정산종사는 위의 예화를 말씀하시고 "하마터면 죽을 뻔한 임금은 이발사에게 삼백 냥 주고 금언을 산 덕택으로 일생의 앞길이 트이게 된 것이 아닌가!"라고 하시었다.

조정암 가시는 길

정암 조광조가 대사관 벼슬에 있을 때 탐관오리를 숙청하여 선정(善政)을 베풀었다.

조광조가 행로를 옮기게 될 때는 '조정암의 가시는 길'이라 하여 누가 닦는지도 모르게 길을 닦아 놓고 더러운 곳을 치워 놓았으며 조정에 가는 길 전부를 소세(梳洗)하였다.

자력양성

어느 정승이 호조판서일 때 샘에 엽전 한 푼이 떨어졌는데 두 푼을 들여서 건지는 행동이 있었으나, 딸을 결혼 시킬 때 예를 차리지 않고 사위가 왔는데도 밥도 안 주고 돌려보내자 사위는 십년 만에 오십 석을 이루는 자력을 세웠다.

정산종사는 위의 예화와 내용이 대동소이한 아래와 같은 예화를 말씀하셨다.

정홍순(鄭弘淳) 대감은 사위를 정해놓고 부인에게 물었다.
"이번 혼인에 혼수 비용이 얼마나 들겠소."
"팔백 냥은 가져야 되오, 당일의 연회비는 사백 냥 가량 든다하니 도합 천 이백 냥을 가져야 하겠구려."
정 대감은 혼인날이 임박해 와도 돈을 부탁해 놓았다고 해 놓고는 아니 가져오고 말했다.
"부탁해 놓은 돈이 아니 된다하니 집에 있는 술에 음식을 좀 만들어 잔치를 지내도록 하오."
어쩔 수 없이 그대로 혼인을 하고 몇 칠이 지난 아침 날에 사위가 장인을 보러왔다. 때마침 비가 내리므로 대감은 갓모와 나막신을 사위에게 내어 주며 말했다.

"너희 집에 가서 밥 먹어라."

사위가 화가 나서 다시는 처가엘 오지 않았다

몇 년 후에 정 대감은 사돈에게 편지를 하여 사위와 딸을 불러왔다. 그리고는 사위와 딸에게 어디를 같이 가자고 하더니 어느 집으로 데리고 들어갔다. 그리고 사위와 딸에게 말했다.

"이 집은 혼비를 절약한 돈으로 집을 장만한 것이다. 시골에는 땅을 장만하여 놓았으니 그리 알아라."

그때서야 모두들 정 대감의 깊은 뜻을 알았다.

정산종사는 위의 예화를 말씀하시고 "사실은 자력을 세우도록 매몰차게 대하였던 것이다."고 하시었다.

김정호의 지도 제작

조선의 기술문명이 희귀한 때에 지도제작에 일생을 바친 사람이 고산자 김정호이다.

황해도 출신으로 조선의 세밀한 지도를 처음으로 제작하였다. 국가의 도움 없이 오직 개인의 힘으로 이룩하였다.

김정호는 부인의 광주리 판 돈으로 시작하여 제주도로부터 압록

강까지의 긴 거리를 40년간 8번을 왕래하였고 조수로는 그의 딸이 지도제작 작업을 도왔다.

그리하여 대원군 시대에 이 지도를 내놓으니 안타깝게도 나라의 기밀을 누설하는 것이라고 하여 역적으로 몰려 옥중에 갇히어 3년 만에 옥사(獄死)하고 말았다.

정산종사는 위의 예화를 말씀하시고 "과거에는 국가에서 공도자 표창을 하지 못한 결함이 있었다."고 하시었다.

서화담과 황진이

황진이는 송도에서 생불이라 일컫는 지족선사를 찾아 갔다. 조용한 절에 황진이가 나타나 지족선사를 갖은 꾀로 유혹을 하였다.

어느 날 황진이는 비를 흠뻑 맞고 지족선사에게 가기도 하는 등 끈질기게 유혹하여 파계시키고 말았다. 그리하여 지족선사의 30년 공부가 공염불이 되고 말았다.

황진이는 또 덕이 높다는 화담 서경덕이 자기에게 관심을 끌도록 하다가 아니 되자 최후 수단으로 서화담의 집에 놀러 갔다가 돌아

올 시간이 되어 별안간 복통을 일으켜 몹시 심하여 집으로 갈수가 없다고 하였다.

서화담의 집에는 이불이 한 채밖에 없었다. 그래서 서화담은 이불을 펴 황진이에게 자도록 하고 자기는 늦도록 책만 읽었다.

황진이는 꾀병을 앓으면서 곁눈질로 살펴보니 여전히 서화담이 책만 보고 있었다. 아침에 황진이가 눈을 떠보니 서화담은 세수까지 하고 어제 그대로 책만 보고 있었다. 그때서야 부끄럽게 여긴 황진이가 물었다.

"선생님! 송도에는 3절이 있는데 아십니까?"

서화담이 그것이 무어냐고 물었다.

황진이는 "첫째는 박연폭포요, 둘째는 선생님이시고, 셋째는 이 황진이 옵니다."하여 서로 웃었다.

그때부터 서화담과 황진이는 도반으로 지내기 시작했다.

정산종사는 서화담과 황진이에 대한 이야기를 하셨다. 위의 내용은 일반 자료의 내용이다.

이인의 장사 법

옛날 중국에 이인이란 사람이 큰 장사를 하였다.
이인이 하루는 진(晉)나라 임금의 아들이 임금 되기 전에 곤궁(困窮)에 처해 있을 때 도와주었다.
후에 이 사람이 임금이 된 후에는 이인을 크게 도와주어 이인은 더 큰 장사를 하였다.

정산종사는 위의 예화를 말씀하시고 "이것을 본다 할지라도 한 때 조그마한 도움이 이렇게 나중에는 큰 도움을 받게 하지 않았는가. 이와 같이 복은 이곳에 공을 들이면 이곳에서 복이 나오고 저곳에 공을 들이면 저곳에서 복이 나오고, 농사에 공을 들이면 농사가 잘 되고, 장사면 장사에서 어느 곳이든 공을 들이는 곳은 다 복이 나오는 것이다."고 하시었다.

제4부
황우야 짐이 붕어하신다

어느 빈곤한 노인의 발바닥에

사마귀가 있어

상(相)을 보는 사람에게 보였다.

상을 보는 사람이 "임금이 될 상이다"고 하였다

그 노인은

임금이 되기를 기다리다

마침내 굶어 죽게 되면서 가족들에게 말했다.

"태자야. 왕후야. 짐이 붕어 하신다."

대영제국에 어찌 그런 일이

　상점에 일정한 주인이 없이 물건에 정가표만 달아 놓으면 살 사람이 그 가격만 돈궤에 넣고 가져가기로 되었다. 그런데 어떤 사람이 한 번 시험해 보리라고 가격을 지불치 않고 한 물건을 가져왔다. 그리고 그 주인 오기를 기다리고 있었더니 마침 주인이 돌아와 그날 팔린 물건을 다 맞추어 보고 나더니 고개를 숙이고 코를 쑥 빠뜨리고 앉아 있었다.
　그래서 그 사람이 "왜 이러고 있느냐"고 물었더니 "이전에는 한 번도 이러한 일이 없었는데 오늘에 와서 처음으로 회계가 틀리니 그런 일이 어디 있느냐!"고 하며 아주 자기 나라를 걱정하고 있었다 한다.
　그제야 자기가 그러했다는 내용의 이야기를 하였더니 그러면 그렇지 우리 대영제국에 어찌 그런 일이 있을 것이냐고 말하였다.

　정산종사는 위의 예화를 말씀하시고 "이와 같이 문명국의 영업은 이런 소소한 일 하나에도 십분 주의심이 강했다는 것이다. 그러므로 소소한 일에 소홀히 한 사람이 어찌 큰일을 할 것인가? 적은 것이 곧 큰 것이며 바늘도둑이 황소도둑이 되는 것이다. 크고 작은 것이 따로 없다. 적은 것이 커나가 후에 큰 것이 되는 것이다."고 하시었다.

누가 유고의 집에 실례를

불란서의 유고는 유명한 교육자로서 가난한 집의 자녀를 남몰래 교육시켰다.

그의 미담은 입에서 입으로 퍼져 나갔고 그의 집조차 존경의 대상이었다.

어느 날 밤늦은 시간에 자기 집에 당도한 유고는 급한 김에 자기 집 담에 오줌을 누었다.

그런데 순찰 도는 사람이 달려와 놀라면서 뺨을 치며 말했다.

"아니, 누가 유고의 집에다가 그런 실례(失禮)를 하느냐?"

정산종사는 위의 예화를 말씀하시고 "이는 곧 유방백세(流芳百世)니라. 꽃다운 이름이 오랜 세월 전하여짐을 말한다."고 하시었다.

어머니의 기도

러일전쟁 때 일본에서 있었던 일이다.

어머니가 자식을 전쟁 일선에 보내고 일심으로 기도를 드렸다.

전쟁터에서 아들이 '폭격이 온다.'는 소리를 듣고 즉시 방공호로 대피하러 들어갔다. 그러나 이상하게 허공중에서 어머니가 자신의 이름을 부르는 소리가 자꾸 들려왔다.

그래서 그는 어머니의 소리를 따라 방공호 밖으로 나갔다. 그 순간 방공호가 폭파되어 다른 동료는 다 전사하고 그 아들만 구사일생으로 살아남았다.

정산종사는 위의 예화를 말씀하시고 "이는 고향에서 어머니의 일심기도 위력이 허공법계에 통하여진 실례(實例)이다.

우리는 언제나 일심으로 심고를 올리며 무형한 가운데 덕(德) 쌓기에 노력하여 덕의 근본(根本)을 길러내도록 하자."고 하시었다."

타고르의 시

  인도의 시성 타고르는 사람에 대한 시(詩)를 짓되 그 전도를 알아서 지었다 한다.
  아주 유명한 시인이라 일본에 타고르가 왔다는 말을 듣고 우리나라 청년이 타고르에게 시 한 수를 받으러 갔는데 그 시에 '조선 민족은 불행한 민족이라고만 한탄하지 말라. 일본의 탄압이 심할수록 점점 앞길이 열린다.'고 썼다 한다.
  청년 측에서 당시 삼천 원이라는 거액을 주고 받아온 것은 그 말을 가치 있게 생각하였기 때문이다.
  그래서 당시의 신문지상에 그 이름이 굉장히 날리었다.

  타고르의 시
  '일찍이 아시아의 황금시대에 하나의 등불이던 빛나는 조선
  그 등불 다시 한 번 켜지는 날에 너는 세계의 빛이 되리라.'

  정산종사는 위의 예화를 말씀하시고 "듣는 사람에 의해서 가치가 나타나는 것이니, 법에 있어서도 법을 받아가는 자가 이를 중히 알아야 가치를 나타내게 된다. 대종사님은 삼천년 만에도 만나기 어려운 분이다."고 하시었다.

두 대학생의 차이

서양의 어떤 대학생이 둘이 있었다. 둘은 졸업식을 마치고 한 학생은 종교 방면으로 종사하고, 한 학생은 도박판을 좇아 놀았다.

그리하여 후에 종교가로 나선 이는 대통령에 당선되었고, 도박판을 즐기던 이는 도적이 되었다.

하루는 대통령 당선자가 누구라며 떠들고 야단인데 어떤 한 죄수가 감옥 구석에 앉아 그 말을 듣고 눈물을 흘리고 있었다.

간수가 죄수에게 물었다.

"왜 우느냐!"

그 죄수가 과거에 한 일을 다 말하며 말했다.

"지금 대통령 당선자가 과거 나의 친구입니다."

한 사람은 대통령에 당선되고 한 사람은 죄수가 되어 감옥에 갇혀 있게 된 것이다.

정산종사는 '일체가 마음의 조화'라는 내용의 법문을 하시면서 위의 예화를 말씀하시고 "이것도 오직 마음의 조화가 아니고 무엇이겠는가."하시고 이어서 "한 마음 발할 때 첫 출발점을 잘 들면 천당이요 잘못 들면 지옥이다. 자동차 운전도 오직 마음이 들어 하는 것이요, 세상도 마음이 들어 하는 것이다."고 하시었다.

문장가의 길

글 배우고 싶어 하는 사람이 문사(文師)를 찾아 그 묘법을 물었다.

문사가 뒷방으로 인도하여 작은 목소리로 속삭였다.

"많이 읽고 많이 쓰라."

처음에는 낙망을 하다가 얼마 후에 이 말을 깊이 생각하여 보고 그러함을 알았다.

이후로는 명심하여 공부에 전력하여 마침내 문장가가 되었다.

정산종사는 위의 예화를 말씀하시고 "무엇이나 힘써 행하면 되는 것이다. 참으로 '일체유심조(一切唯心造)라' 이 마음이 들어 모든 것을 만드는 것이다."고 하시었다.

눈(雪)이라는 시

　옛적에 손씨라는 사람은 눈(雪)이라는 제목으로 시를 지을 때, 그 조카는 '분분이화비(紛紛李花飛)' 배꽃이 분분이 날아간다고 짓건만, 손씨는 '목래(目來)' 눈이 온다고 하였다.
　그러나 이와 같이 어리석은 손씨도 십 년을 꾸준한 노력하였다. 손씨는 밖에 감사의 일행이 지나는 것도 구경하지 않고 밭을 갈면서 글을 짓는 등, 불철주야로 공부를 하여 마침내 최씨라는 사람으로부터 돈 오백 냥을 빌려 과거를 봐 급제하고 명문장가가 되었다.

　정산종사는 위의 예화를 말씀하시고 "이는 형설지공(螢雪之功)※의 결과라 할 수 있다. 성불은 물론이려니와 만사(萬事)의 성공은 오직 끝까지 노력하는 데에 있다."고 하시었다.

　※ 형설지공(螢雪之功) : 반딧불·눈과 함께 하는 노력이라는 뜻으로, 고생을 하면서 부지런이 하고 꾸준하게 공부하는 자세를 이르는 말
　중국 《진서(晉書)》의 〈차윤전(車胤傳)〉·〈손강전(孫康傳)〉에 나오는 말로 진나라 차윤이 반딧불을 모아 그 불빛으로 글을 읽고, 송강이 가난하여 겨울밤에는 눈빛에 비추어 글을 읽었다는 고사에서 유래한다.

사당에 지게를 놓은 까닭

어느 학생이 방학이 되어 집이 있는 곳에 도착하여 차에 내리자 그 아버지가 나와서 계시다가 반겨 맞았다.
옆에 있던 친구가 "누구시냐"하니 그는 못난 아버지를 부끄러워하여 "우리 집 머슴이라"하였다.

정산종사 이어서 말씀하셨다.

서울 창신동에 사는 박종상이라는 사람은 조상의 사당에 지게를 구하여 놓았다. 그는 본래 조상이 소금 장사를 하여 모은 재산으로 성공하였다.
그리하여 근본을 불망(不忘)하는 의미에서였다.

정산종사는 위의 예화를 말씀하시고 "근본을 잃지 않는 착한 일이로다. 우리도 대종사님과 선진님들의 피땀으로 이루어 놓으신 근본을 결코 잊어서는 아니 된다.
어떤 선진께서는 변산에 계시는 대종사님을 뵙기 위해 왕래하면서 자리 장사까지 하시며 노자를 마련 하시였다."고 하시었다.

새끼줄대로 엽전을

옛적에 부잣집에서 여러 명의 머슴을 부리고 있었다.

주인이 어느 날, 하루 일과가 끝난 후 머슴들을 불러 모우고 말했다.

"오늘 저녁에 모두 새끼줄을 꼬아라."

주인의 말에 머슴들은 불만이었다. 그러나 저녁에 사랑방에서 새끼를 꼬는데 꼬기 싫어서 조금씩 꼬고 말았다. 그러나 머슴 중에 성실한 한 사람은 다른 사람은 어떻던가? 상관하지 않고 새끼를 많이 꼬았다.

주인이 머슴들에게 자신이 꼰 새끼줄을 가져오라고 했다. 그리고 자신이 꼰 새끼대로 엽전을 꿰어 각자 가지고 가라했다.

성실하게 새끼를 많이 꼰 머슴은 새끼줄대로 엽전을 꿰어 부자가 되었다.

부인의 지혜

어떤 사람의 남편이 돈을 잘 벌어다 주었다.

그리하여 날마다 고기를 사서 밥상에 전골을 차려 올라오게 하였다.

남편은 고기가 날마다 들어오니 고기를 한번만 빨아 먹고 질근질근 씹었다가 뱉어 버렸다.

부인이 지견이 있는 사람이라 아무리 자기 남편이지만 너무한다 싶어 훗날 직업도 떨어지고 돈이 없을 때를 생각하여 그 한 번 씹고 뱉은 고기를 깨끗이 씻어 말려 가지고 궁할 때 쓰려고 모아 두었다.

과연 얼마 못가 남편이 직업을 잃고 병이 났는데 고기가 얼마나 먹고 싶은지 속에서 고기 못 먹은 병까지 더했다. 그러자 부인은 전에 말려서 모아 두었던 고기를 조금씩 꺼내 맛있게 끓여 상에 올렸다.

남편이 놀라서 말했다.

"아니 여보! 내가 돈도 안 벌어 주는데 고기가 어디서 생겼소."

"여보, 당신이 돈벌이가 잘 될 때 한번 씹고 버렸던 그 고기를 다 씻어 말려 두었다가 그것을 끓인 것이오."

그제야 남편이 참회하였다.

소인의 심성

경성의 한 사람이 자기의 아이가 죽자 친척이나 이웃 사람들이 온갖 위로를 해 주어도 눈물로 세월을 지냈다. 그러다 얼마 후 그 뒷집 아이가 죽자 그것을 보고 회색이 만면하였다.

정산종사는 솔성요론 '다른 사람의 잘된 일을 견문하여 세상에다 포양하며 그 잘된 일을 잊어버리지 말 것이요'를 설명하시면서 "이것이 소인의 심성이요 중생의 마음이다."고 하시었다.

오내진 이야기

대종사님께서 처음 8인 제자를 선택하실 때 오내진이라는 사람이 있었다.
처음 8인 제자들은 천지 허공법계에 창생을 제도하기로 맹세하고 만일 중도에 변심이 있을 때에는 즉시 생명으로써 속죄하겠다고 맹세했다.

그 후 오내진은 신심이 변하여 주색에 방탕하며 대종사님과 동지들에게 훼방함이 심하였다. 그때 삼산 김기천 선진이 그 광경을 보고 오내진의 변심 상황을 대종사님께 보고하고 여쭈었다.

"전자에 내진이가 중한 맹세를 하고 지금 그렇게 변심을 하였으니 앞으로 그 맹세와 같이 되겠습니까?"

대종사님께서는 "내진이가 그 맹세를 할 때에 만일 진심으로 하였다면 그 말 한 마디가 극히 중하고 어려운 바가 있으니 어찌 허언으로만 생각하리오."라고 하셨다.

그 후 얼마 지나지 아니하여 오내진은 술에 취해 돌연 급병이 발생하여 하룻밤 사이에 사망하고 말았다.

정산종사는 위의 예화를 말씀하시고 "이를 본 다른 동지들은 천지 허공법계에 한 약속을 어기면 곧 천벌을 받게 된다는 것을 알고 대종사님께 일심으로 복종하고 신근이 깊어졌다고 한다.

사람과 사람과의 약속은 몰라도 진리와의 약속은 달라서 천지 허공법계에 약속을 어기면 곧 천벌을 받게 되는 것이다."고 하시었다.

박혜련화의 신성

마령의 박혜련화 교도는 마령에 교당이 설립되자 20리 길을 지척같이 여기고 예회와 야회에 참석하였다.

박혜련화는 농번기가 되면 이른 새벽부터 들에서 종일 일하고 석양이면 저녁도 먹지 않고 가족들의 눈치를 피하여 고달픈 몸으로 야회에 참석하여 법을 들으면 어찌도 좋은지 잠이 오지 않았다. 그리고 날이 샐 무렵 식구들이 일어나기 전 집에 도착하였다.

어느 날은 비가 와서 개울을 건너지 못할 정도로 물이 불었다. 그러나 이를 불고하고 예회를 보기 위해 일심으로 개울을 건너서 예회를 보고 난 후 다시 일심으로 건너서 돌아갔다.

이에 마을 사람들은 비가 많이 와 큰물이 져서 못 건너는 판인데, '어찌 건너갔다 오느냐!'고 놀랐다.

험한 산길과 큰 개울을 건너야하는 교당과 20리 길을 비가 오고 바람이 불어도, 질책과 비난 속에서도 법을 듣지 않고서는 견디지 못하는 정성스런 마음에 가족들이 감동되어 온 가족이 귀의하였다.

정산종사는 위의 예회를 말씀하시고 "박혜련화의 신심이 장하다. 일심 기도의 위력이 허공법계에 통하여진 실례이다."고 하시었다.

한 사람의 원심이라도 풀려야

한 철인이 러일전쟁 때 '동남풍이 불어야만 위태한 이 나라가 구하여 지겠다.' 하여 40일간 동남풍을 불게 하여 주시라는 데에 일심을 드렸다.

그런데 동남풍이 불기를 약 30일이 되었을 때 동남풍이 갑자기 불지 아니하므로 가만히 관(觀)하여 보았다.

언젠가 어떤 사람이 있어 병을 고쳐 달라고 원을 했었는데 천하 일이 중대한지라 못하겠다고 거절을 하였었다. 그 사람이 원심을 품고 가게 되어서 이것이 서로 얽혀 원수가 되어 기운이 막혔던 것이다.

그래서 동남풍이 불지 않았다는 것을 알고 그 사람을 찾아가 먼저 그 이유를 말하고 서로 화해한 후로는 40일 동안까지 동남풍이 불었다.

정산종사는 위의 예화를 말씀하시고 "한 사람에 있어서도 그 몸에 수화(水火)가 고르지 못할 때에는 병이 나게 되는 것이다.

한 사람의 마음이 통하지 못할 때는 또한 천지 기운도 막히게 되나니 이 구내 사람들이라도 서로 기운이 통하도록 주의할 지니라. 우주 천지 중에 다 수화가 잘 골라야 비도 내리는 것이다.

그러므로 우주의 기운이란 인간들이 서로 통할 것 같으면 천지의 기운도 통하고 인간이 막혀지면 우주도 또한 기운이 통하지 못 한다."고 하시었다.

존경받는 방법

이거돌이라는 사람은 그의 조카가 자기를 서삼촌(庶三寸)이라 하여 방에 들어가도 그대로 누워 있었다.

그 버릇을 고쳐 주기 위하여 조카가 방에 들어오면 자기는 언제나 단정히 앉아서 공경스럽게 맞이하였다.

그 후부터 조카가 양심에 가책이 되었는지 삼촌이 들어오면 자세를 바르게 하고 맞이하였다.

정산종사는 위의 예화를 말씀하시고 "다른 사람의 존경을 받고 싶거든 먼저 내가 남을 존경해야 하는 것이다."하시고 "세상에 주고 받는 이치가 숨 쉬는 것과 같은 것이니 숨을 내쉬면 이것이 원인이 되어 들이쉬는 숨이 되고 숨을 들이쉬면 이것이 원인이 되어 내쉬는 숨이 되는 것이다."고 하시었다.

목인과 토인

어느 날 목인(木人)이 토인(土人)을 보고 말하였다.

"나는 너를 볼 때마다 걱정이 된다. 왜냐하면 너의 몸이 흙으로 되었기에 곧 무너질 것만 같아 염려를 하지 않을 수 없구나."

토인이 목인에게 말하였다.

"내가 너를 보면 걱정이 된다. 왜냐하면 내가 아무리 무너진다 하여도 흙에서 생겼다가 다시 흙으로 돌아가는 것뿐이다. 그러나 네 몸은 나무로 되었기 때문에 만일 큰 비가 와서 홍수가 지면 포박사해(泡博四海)하여 부지하처부(不知何處腐)하리니 걱정을 하지 않을 수 없다. 네 몸이 물거품처럼 사해에 둥둥 떠돌아다니다가 어느 곳에서 썩어 없어질지 모를 것을 생각하면 참으로 걱정이 된다."

정산종사는 위의 예화를 말씀하시고 "우리 수도인은 이 이야기를 범연히 생각할 수가 없다. 과연 이 세상에서 제일 불쌍한 사람이 누구인가 하면 육신이나 정신이나 안주처가 없이 둥둥 떠서 떠돌아다니는 생활을 하는 사람이다."고 하시었다.

발바닥 사마귀 상

어느 빈곤한 노인의 발바닥에 사마귀가 있어 상(相)을 보는 사람에게 보였다.
상을 보는 사람이 "임금이 될 상이다"고 하였다
그 노인은 임금이 되기를 기다리다 마침내 굶어 죽게 되면서 가족들에게 말했다.
"태자야. 왕후야. 짐이 붕어하신다."
그리고 죽었다.

정산종사는 위의 예화를 말씀하시고 "노력하여 구하지 않고 복을 바라는 것은 그 노인과 똑 같다. 우리가 큰 복을 얻고 큰 지혜를 얻어 부처가 되기를 원하거든 먼저 구해야 하며 구하되 진리로 구해야 할 것이다.
우리에게도 부처님과 같이 복과 혜를 얻을 수 있는 요소가 갚아 있건마는, 우리가 구하는데 노력하지 않기 때문에 오지 않는 것이다."고 하시었다.

배움이 없는 도시관

  옛날 어떤 사람이 배움은 없으나 대가족을 잘 거느리므로 마을 사람들이 그 마을 일을 맡겨 보았는데 무난히 감당하였다. 이 사실이 차츰 알려져 나라에서 그 사람에게 차츰 큰일을 맡겨 보았는데 맡은 일마다 결함이 없었다.

  그런데 한 사람이 말하였다.

  "그 사람이 다른 일은 다 할 수 있어도 무식하기 때문에 도시관만큼은 할 수 없을 것이다."

  도시관(都試官)은 지금의 고시위원장 격이다.

  나라에서는 시험 삼아 그 사람을 도시관으로 임명하였다. 그 사람이 도시관을 맡아서 과거를 실시하고 응시자들의 답안을 평가해야 하는데 시관(試官)들을 한 자리에 불러 앉힌 다음 시관들에게 말하였다.

  "여기 답안지 가운데 가장 우수하다고 생각되는 것을 하나 고르시오."

  이때 한 시관이 답안지를 들고 말했다.

  "이것이 가장 우수하다고 생각됩니다."

  도시관이 말하였다.

  "그러면 그것을 시관들이 돌아가면서 살펴보시오."

  그런데 다른 시관들이 그에 대하여 동감을 하지 않고 다 각각 자기가 고른 것이 제일 우수하다고 주장하였다.

이에 도시관이 말하였다.

"지금 여러 시관들이 고른 것은 특수 답안지이니 한 쪽으로 모아 두고 그 다음으로 우수 답안지를 고르시오."

한 시관이 하나를 골라 들고 말했다.

"이것이 그 다음은 가겠습니다."

도시관이 회람을 하라 하니 그때에는 모든 시관들이 한결같이 수궁하였다.

도시관은 이러한 방법으로 두세 차례 고르게 한 후 여러 시관들에게 말하였다.

"내가 무식하다 하더라도 직책이 도시관이니 최종 결정은 내가 해야 할 것이 아닌가?"

시관들이 모두 대답했다.

"이의 없습니다. '

그때 도시관은 최종 결정을 내렸다.

"여러분이 처음 골라서 본인만 인증할 뿐 전체의 동의를 못 받은 것은 보류하고, 여러 시관들이 다 함께 우수작이라 하는 것이 1위, 그 다음이 2위, 그 다음이 3위요."

그러면 어찌하여 처음에 각기 고른 것이 제일이라 하고 다른 시관이 고른 것은 인증해 주지 아니했는가 하면 그것은 일가친척 사정에 집착하였기 때문이다. 다음부터 의견이 일치된 것은 편착을 떠나 공정한 마음으로 보았기 때문이다.

이리하여 종래에는 부정이 심하였던 과거가 이 마음 공정한 도시관이 들어서 과거 제도에 큰 혁신을 가져왔다.

정산종사는 위의 예화를 말씀하시고 "이 도시관과 같이 사람이 비록 아는 것이 부족하더라도 마음이 바르고 공정하면 모든 일을 원만하게 처리할 수 있을 것이다."고 하시었다.

형수의 처사

안동 사는 김씨 부인이 아랫목에 갓난아이를 뉘어 놓고 밖에 나간 사이에 망나니 시동생이 벽장에 들어가서 꿀을 몰래 먹다가 형수의 문 여는 소리에 깜짝 놀라 뛰어내리다가 갓난아이를 밟아 죽게 하였다.
이때에 김씨 부인은 아이가 갑자기 경풍(驚風)이 나서 죽은 것으로 처리하고 시동생에게 당부하였다.
"지금부터는 정신을 차려 공부를 열심히 해야지 만약에 또 망나니 노릇을 하면 아버님께 여쭈어 중벌을 내리시게 하겠으니 어찌할 것이요?"

시동생은 온몸을 덜덜 떨며 다짐을 하였다.

"아무튼 죽기로써 공부하겠습니다."

그때부터 이 망나니 시동생은 부지런히 공부하여 그의 형과 더불어 높은 벼슬에 오르게 되었다.

그 후 형님 환갑 때 관찰사와 군수 등 고관들이 와서 형님의 덕을 찬양하는데 아우가 말을 하였다.

"우리 형님도 장하지만 내가 생각하기에는 우리 형수씨 심덕으로 우리 집안이 이렇게 된 줄 압니다."

하고 지난 이야기를 하였다.

"그때에 만일 우리 형수씨가 보통 부인들처럼 좁은 소견으로 일을 처리했다면 나는 어떻게 되었으며 우리 집안은 어떻게 되었겠습니까?"

그리고 형수에게 큰 절을 올리니 형님도 일어서서,

"나도 처음 듣는 이야기요. 내 아내이지만 참으로 현부인이요."

하고 같이 큰 절을 하니 한 자리에 앉아 있던 관찰사와 군수 등이 일어나 함께 절하고 조정에 이를 알리어 크게 표창 받도록 하였다.

정산종사는 위의 예화를 말씀하시고 "이야말로 참으로 본받아야 할 너그러운 처사다."고 하시었다.

도련님 덕분에 양반 한 번

한 중인(中人)이 아들을 잘 가르쳐 훌륭한 인물로 성장시켜 아들 덕분에 양반이 되어 보려고 아들을 서당에 보내 공부를 시켰다.

아들이 공부를 하지 않고 게으름을 부리면 그때마다 어린 아들을 아랫목에 앉혀 놓고 큰 절을 나붓이 하면서 말했다.

"도련님 덕분에 양반 한 번 되어 봅시다."

어린 아들이 아버지한테 큰 절 받는 것이 매보다 더 무섭고 황송하므로 부지런히 공부하여 큰 인물이 되었고 따라서 아버지는 양반 대우를 받았다.

정산종사는 위의 예화를 말씀하시고 "수도인이 공부를 할 때 새벽 일찍 일어나서 단전을 붙잡고 단전주를 하면서 '도련님 덕분에 양반 한 번 되어봅시다.' 하는 신념으로 부지런히 정진을 계속하면 누구나 부처의 인격을 이룰 것이다."고 하시었다.

허석계와 오금

옛날에 허석계라는 사람이 있었다.

그 누님은 너무나 가난하여 주림을 견디지 못하고 아들을 외삼촌 집으로 보내어 무엇을 좀 얻어오기를 바라고 보냈다.

어느 날 외삼촌이 생질을 데리고 해변에 나가서 조수(潮水)를 구경하는데 해가 기울고 조수가 나간 뒤에 말했다.

"네 맘대로 돌을 하나 집어 가져라."

그리하여 그 중에 조그마한 돌을 하나 집어넣고 돌아왔을 뿐 이 날에 무엇을 좀 주시려나, 저 날이나 무엇을 좀 주시려나, 기다려도 아무 것도 얻지 못하자 하루는 외삼촌에게 가서 말했다.

"이제 집으로 돌아가겠습니다."

외삼촌은 그냥 "잘 가거라."고 할 뿐이다.

할 수 없이 집으로 돌아간 즉 어머님께서 무엇이나 좀 얻어 가지고 오기를 고대하다가 아들이 빈손으로 오는 것을 보고 물었다.

"외삼촌이 아무것도 좀 안 주시더냐!"

"아무것도 주신 것이 없습니다."

너무나 믿어지지 않고 섭섭하여 재차 물었다.

"그래, 정말 아무것도 안 주시더냐"

"조수 구경을 가자더니 물이 다 빠져나간 뒤에 돌 하나를 집어가라고 하셔서 그것을 가지고 온 것 밖에는 없습니다."

허석계의 누님은 할 일이 없어 그날그날을 지내가다 하루는 배고 픔을 견디지 못하고 특이하게 생긴 돌이 혹시나 주림이라도 면하게 해 줄까 하여 돌을 가지고 시장으로 나갔다. 아무리 팔려고 하였지만 사자는 사람이 없었다. 해는 석양에 이르고 배 고픔이 심하여 견디기 어려울 지경에 한 사람이 오더니 말했다.

"그것을 내가 살터이니 값은 얼마나 주면 되겠소?"

"아무튼 마음대로 주시오."

"오만 냥만 주겠소."

워낙 큰 돈이라 어이가 없어서 물었다.

"도대체 이것이 무슨 돌이기에 값을 그리 많이 준다고 하십니까?"

"그 돌은 오금(烏金)이라는 것인데 1천년 만에 한 번씩 조수에 밀려 나오는 것으로 값으로 말하면 10만 냥은 넉넉히 되기에 이것을 내가 사서 다시 팔면 당신도 오만 냥을 얻고 나도 오만 냥을 벌게 되는 것입니다."

정산종사는 위의 예화를 말씀하시고 "세상의 보물이 무엇인가. 학문이 많아도 보물이요, 기술이 있어도 보물이며 금은이 많아도 보물이요, 재산이 많아도 보물이지만 그러나 제일의 보물이 되는 것은 마음을 잘 쓰는 것이다."고 하시었다.

딸 3자매

옛날에 어떤 사람이 딸 3자매를 시집보내면서 벼 한 말씩을 주어 이것은 너희들을 위하여 특별히 공을 들여 지은 벼이니 잘 이용하라고 하였다.

세월이 흐른 후에 그 부모가 딸의 집들을 순회하였더니, 첫째 딸은 아주 가난하여 늘 굶을 정도로 가난하게 살고,

둘째 딸은 겨우 끼니나 굶지 않고 그날그날 살아가는 형편이고,

셋째 딸은 아주 큰 부호가 되어 살고 있었다.

그래서 그 부모는 처음에 시집보낼 때 준 나락을 어찌했느냐고 물었다.

첫째 큰 딸은 부모님이 공들여 지은 나락이니 한 끼니에 잘 찧어서 밥을 해 먹어 버렸다고 했다.

둘째 딸은 부모님이 주신 귀한 나락이니 부모님의 정성을 잊어버릴까 해서 천장에 매달아 놓고 늘 부모님 생각을 한다하여 보니 과연 그때에도 천장에 매달려 있었다.

셋째 딸은 부모님이 공들여 지은 벼인지라 이것을 종자로 부모님이 이 나락을 공 들여 지은 것과 같이 저도 이 벼 한 말을 종자로 하여 정성스레 농사지어 거기에서 수확된 것으로 또 짓고 또 짓고 해서 전답을 사게 되어 이렇게 부자가 되었다고 했다.

정산종사는 위의 예화를 말씀하시고 "세상에 있어서도 딸들이 부모님에게 나락 받는 것과 같다.

우리가 세상을 살아갈 때 어떤 사람이 큰딸 행세를 한 사람이 되며 어떤 사람이 가운데 딸, 그리고 막내딸의 행세를 한 사람인가? 사람이 누구나 세상에 나올 때는 과거의 닦은 혜와 복이 종합해서 사람 하나가 되어 나온다. 이와 같이 사람이 나올 때 복혜의 종자를 갖고 나온 이것이 나락 한 말 타 가지고 나옴과 같다.

큰딸의 행세를 하였다고 한 사람이 복혜를 가지고 나왔어도 수행이 없이 공부도 않고 제정신을 지킬 줄 모르고 복혜를 더 지킨다든지 더 확장시키지 않고 마구 써버려 뒤를 돌아보지 않고 생각하지도 않는 사람이다.

가운데 딸의 행세는 죄는 짓지 않고 근신하여 정신도 좀 지친 점이 있으나 복은 받아도 큰 죄를 짓지 않으며 착실히 지키고 보관을 한 사람이다.

막내딸의 행세를 한 사람은 내가 몸을 받아 나와서 정신도 잘 단련하며 수양도 하고 법을 구하는 데에 정성이 있는 사람이다.

전생에 조금 타고 나온 복혜를 자꾸 늘려서 진실을 단련하고 연마하면 소 지혜(小智慧)가 대 지혜(大智慧)가 된다. 우치한 정신이 바른 정신이 되어 날로달로 확대시킨 사람 즉 안으로는 깊이 연구 단련해서 밝게 하고 밖으로 널리 보고 배워서 내외를 다 같이 힘써 큰 지혜와 큰 복을 키운 사람은 곧 막내딸 행세를 한 사람이다."고 하시었다.

평강공주의 정신

고구려 평원왕에게 평강공주가 있었는데 어찌나 잘 우는지 왕은 놀리는 말로 "바보 온달에게 시집보내야겠다."고 해 왔었다.
공주가 점점 성장하여 혼처를 구하니 공주가 부왕께 여쭈었다.
"온달에게 시집가라 하시더니 어찌 혼처를 다른 데로 구하시나이까?"
"그것은 어릴 때 조롱하느라 한 말이다."
그래도 공주는 끝까지 부왕의 말을 듣지 않고 말했다.
"저도 그런 사람에게 시집갈 생각은 없으나 존엄하신 부왕의 말씀에 신의를 지켜 드리기 위하여 이 몸을 희생하겠습니다."
공주는 실행에 옮기고 말았다.

정산종사는 위의 예화를 말씀하시고 "우리 전무출신은 꼭 평강공주의 정신을 가져야 한다. 한번 전무출신 하려고 말로 하고 글로 쓰고 허공법계와 대중에게 고하였거든 그 신의를 꼭 지켜야 할 것이다. 천하 사람이 다 이 공부를 하지 않더라도 나는 꼭 하리라 하고 언어동작을 언제나 신의로 일관하라."고 하시었다.

평강공주와 바보 온달과의 이야기는 다음과 같이 전해지기도 한다.

평강공주는 고구려 제25대 평원왕의 딸이었다. 어렸을 때 울기를 잘하여 너무 시끄럽게 굴므로 아버님 평원왕은 매양 달래는 말로 하였다.

"우는 아기는 크더라도 사대부의 아내가 될 수 없은즉 바보 온달에게나 주겠다."

온달은 못나고 가난하여 해진 옷에다 헌 신짝을 끌고 여기저기 다니며 밥을 빌어서 늙은 맹모(盲母)를 봉양하는 처지이며, '바보'라는 별호까지 얻은 우스운 인물이다. 그러나 그가 비록 겉은 못생겼으나 속은 아주 훌륭하였다.

공주가 방년 16세가 되자 임금의 본종(本宗)되는 사람인 상부 고씨(上部高氏)와 혼담이 있었다. 이 때 공주가 평원왕께 조용히 여쭈었다.

"대왕께서 항상 저를 온달의 아내로 주겠다고 하시더니 이제 왜 변개하십니까? 필부도 한 입으로 두 말을 못하거든 하물며 지존(至尊)이 아니 오리까?"

왕이 이 말을 듣고 어이없어 잠잠하고 있다가 크게 책망하였다.

"한 때 희롱하는 말로 그렇게 한 것을 너는 참말로 알았더냐? 너의 마음대로 하려거든 아예 내 눈에 보이지 말라."

그러나 공주는 결심한 바가 있어 부왕의 만류를 불구하고 보석 팔지 수십 개를 몸에 지니고 슬그머니 궁중 문을 빠져 나왔다. 궁중 밖을 나온 공주는 사람에게 물어서 겨우 온달의 오막살이를 찾았다. 그러나 온달은 없고 그의 늙은 맹모(盲母)만이 있으므로 절하고 온달의 간 곳을 물어 가지고 다시 찾아갔다. 이때 온달은 주린 배를 움켜쥐고 산에 올라가 느릅나무 껍질을 벗겨 가지고 돌아오는 길에 공주와 온달이 산기슭에서 서로 마주치게 되었다.

공주는 그가 온달임을 알고 반가이 말하자 온달은 도리어 공주를 의심하여 말했다.

"이런 깊은 골짜기에 처녀가 혼자 다니니 너는 사람이 아니고 반드시 여우의 장난인즉 내게 가까이 하지 말라."

온달은 소리를 치며 두 주먹을 불끈 쥐고 돌아다보지도 않고 달아나 버렸다.

공주가 이런 괄시를 당하기는 처음이었다. 공주는 온달의 뒤를 따라 그 집에까지 갔다. 그렇지만 온달이 문을 열어주지 않으므로 부득이 싸리문짝 밑에서 밤을 새우고 이튿날 아침에 겨우 방 안에 들어가 공주의 설명을 듣고 온달의 의심이 풀렸다. 모자간의 의심은 풀렸으나 맹모가 걱정하며 말하였다.

"당신은 귀인이라 내 집은 빈궁할뿐더러 내 아들은 못났으니 어찌 귀인의 짝이 되리오."

공주가 입술에 미소를 띠며 아주 온순한 말로 말했다.

"한 척의 베(一尺布)로 꿰매 옷을 입고 한 말의 좁쌀을 찧어 먹어도 사랑만 있으면 낙이지요. 하필 부귀 오리까?"

공주가 가지고 온 패물을 팔아서 어느 정도 의식문제를 해결한 뒤에 공주는, 다시 온달을 권도(勸導)하여 글과 무예를 배우게 하였다.

공주의 지시로 나라에서 파는 수척한 병마(病馬)를 싸게 사다가 공주가 손수 먹여 살찌운 뒤 그것을 타고 기사(騎射)를 익혀 마침내 백발백중의 명궁(名弓)이 되었다. 온달은 고구려 국속(國俗)에 해마다 3월 3일에 실시하는 장수를 고르는 사냥놀이에 뽑혀서 장군이 되었다.

후주(後周)의 침범이 있자 앞장서서 적병을 크게 무찔러 공을 세웠다.

나라에서는 대형(大兄)벼슬을 주고 개선할 때, 크게 국민의 환영을 받았으며 평원왕은 기뻐하며 "참으로 내 사위다."하고 등을 어루만졌다.

그 후 평원왕이 죽고 영양왕이 뒤를 이었다. 수(隨)제국과 패권을 다툼에는 먼저 신라를 제압할 필요가 있으므로 온달은 자청하여 신라에게 빼앗긴 옛 성을 회복하기를 왕에게 여쭈었다. 임금의 명을 받은 온달은 군대를 끌고 신라군대와 맞싸워 연전연승을 거두다가 필경 흐르는 화살을 맞아 중상으로 죽게 되었다. 그리하여 공주는 이상적 연인을 잃고 고구려는 모범적 충신을 잃었다.

거지로 하루아침에 부마가 되고, 바보로 충신이 된 그는 사랑하는 여인과 공명(功名)을 수놓았으니 금상첨화였다. 죽은들 무슨 원한이 있었겠는가. 그런데 웬일인지 그의 관곽(棺槨)이 땅에 붙어서 움직이지 아니하므로 공주가 멀리 달려와 관곽을 어루만지며 말하였다.

"사생(死生)이 이미 결정되었으니 돌아갑시다."

비로소 땅에서 관곽이 떨어져 장례를 지냈다.

일 년에 생일이 두 번

　옛날에 한 사람이 죄를 짓고 옥살이를 하면서 하루는 아전보고 부탁하였다.
　"오늘이 제 생일입니다. 그러니 원님께 잘 말씀드려 제가 출옥이 되도록 하여 주시옵소서."
　아전은 이 사정을 원님께 말하게 되었다. 이 말을 들은 원님은 정상을 참작 한 바 죄가 그렇게 크지 않으므로 그 날로 출옥시켜 주었다.
　그런데 한 달이 못 가서 그 사람은 죄를 짓고 다시 잡혀 와서 며칠 동안 옥살이를 하더니 또 아전을 향하여 애원하였다.
　"오늘이 제 생일입니다. 그러하오니 먼저 번같이 원님께 말씀드려 꼭 출옥이 되도록 해 주시옵소서."
　아전이 이를 원님께 보고하였더니 원님이 큰 소리로 호령하였다.
　"그 무슨 소리를 하고 있느냐? 이 세상 모든 사람들이 일 년에 생일이 한 번 돌아오는 법이지, 두 번 돌아오는 법이 어디 있다더냐?"
　이를 전해들은 죄수가 말하였다.
　"그것은 원님께서 잘 모르신 말씀이올시다. 예로부터 김씨는 도깨비라 하고, 박씨는 나무 등걸이라 하듯이 저는 성이 최가요, 최가는 닭이라고 합니다. 그런데 닭은 일 년에 생일이 두 번 돌아오는 법입니다. 닭은 알로 한 번 낳고 또 병아리로 난 날입니다. 그러하오니 이 뜻을 원님께 잘 말씀드려 주시옵소서."

원님이 이 말을 전해 듣고 생각해 보니 말에 뜻이 있고 이번에도 역시 죄가 크지 않으므로 출옥시켜 주었다. 그는 그 후로 죄를 회개하고 잘 살았다.

정산종사는 위의 예화를 말씀하시고 "이 세상에 닭만 두 번 낳는 것인가 하면 그런 것이 아니고 모든 사람들이 거듭나야 되는데 한 번은 몸이 낳은 것이요, 두 번은 마음이 낳은 것이다.

사람은 마음이 나서 철이 들고 각성이 생기고 진리를 깨쳐야 사람으로서의 구실을 할 수 있는 것이요, 몸만 태어난 사람이란 일반 동물에 다를 바가 없는 것이다.

여러분은 지금 달걀인가 닭인가를 반성해볼지어다. 닭이 되고자 할진대 부지런히 공부하여 깨치고 또 깨쳐야 할 것이며 닭이 되었으면 닭의 사명과 역할을 다하기 바란다."고 하시었다.

부자간의 싸움

옛날 어떤 선생이 제자들을 가르치고 살았다.

그 동리 부자(父子)끼리 싸움을 하였는데 처음에는 아버지가 노기가 등등하여 쫓아와서 아들 험담을 하고 갔다. 조금 후 또 아들이 와서 아버지 흉을 보며 부자가 서로 송사(訟事)를 하였다.

제자들이 그 부자를 보낼 즈음 선생께서 무엇이라 말씀을 하시었는지 부자간에 통곡을 하다가 갈 때에는 아들이 아버지를 업고 갔다.

이것을 본 제자들은 그 내용이 궁금하여 여쭈었다.

"선생님으로부터 어떠한 말씀을 듣고 저렇게 아버지를 업고 갑니까? 그 아들에게 하신 말씀이 듣고 싶습니다."

선생이 말했다.

"아무 말도 않고 다만 부자의 말을 들은 후 이 세상 제일 불효자는 순(舜)이요, 선하기로 이 세상 제일은 고수(瞽瞍)라 하였더니 그만 울고 갔다."

정산종사는 위의 예화를 말씀하시고 "천하 제일가는 효자라고 순을 말한 것은 순임금 자신이 소문을 낸 것이 아니라, 부모에게 효성이 부족하여 아버지가 세 번이나 죽이려고까지 하였지만 항상 내가 불효하거니 하는 부족감을 느껴 효도를 다 한 까닭에 천하에서 그를 일러 천하제일의 효자라 한 것이요, 또 아버지 고수로 말하면 항상 선(善)을 생각한 자이니 이것이 자비가 아니고 무엇이리오."라고 하시었다.

월천 좀 하여 주게

지금부터 약 300여 년 전에 태평성대를 자랑하던 조선 중엽 당시의 노재상(老宰相)인 류상국(柳相國)은 일찍이 나라의 중직을 역임하였으나, 몸이 노쇠하여 한가히 정양을 위하여 향리인 안동 우천(愚川)에 머무를 때 마침 여름철이라 동리 앞으로 흐르는 냇물에 발을 담그고 앉아, 낚싯대에 눈을 두고 낚아 올린 고기를 다시 물에 놓고 또 다시 낚는 것으로 소일을 삼고 있었다.

이때에 연기(年期) 방장한 청년 한 사람이 그 냇가에 다다르자 다리가 없어서 건너지 못하고 어정거리다가, 마침 낚시질하는 노인을 발견하고 호기 있게 달려가 소리 지르며 말하였다.

"여보시오. 나 좀 월천(越川)하여 주게."

그러자 류상국은 흔연히 낚싯대를 놓고 일어나 청년을 등에 업어 물을 건너 주는 바, 청년이 노인의 등에 업혀 물을 건너다가 머리

위를 보니 의외에도 옥관자(玉冠子)가 붙어있었다. 청년은 깜짝 놀라 눈을 궁굴리며 다 건넌 뒤에 곁눈으로 노인을 다시 엿보니 그 생김이 범상치 않은지라 가슴을 두근거리며 마을을 향하여 걸어가고 노인도 아무 일이 없었다는 듯이 다시 낚싯대를 추켜들을 뿐이었다.

청년이 그 마을 주점(酒店)에 들러 주인에게 그 노인의 내력을 물으니 일국(一國)을 호령하던 노재상 류상국이 아닌가. 청년은 대경둔색(大驚吨色)하며 몸 둘 곳을 몰랐으나 이미 저지른 죄라 체벌을 기다릴 수밖에 다른 도리가 없었다. 그날 밤 늦게 주점 주인을 앞세우고 류상국의 집으로 찾아가 노재상을 뵈옵고 사유를 아뢰며 석고대죄(席藁大罪)하니, 노재상은 크게 웃으시며 온화하게 말하였다.

"어허 이 사람 그럴 것 없네. 그대가 나를 알고 그랬다면 모르거니와 모르고 한 이상 무엇이 죄 되리오. 행인이 물속에 발을 담그고 있는 사람에게 월천해 달라는 것이 일상의 일이거늘 무엇을 죄라 하는 고. 그리 말고 물러나게!"

노재상은 주점 주인을 향하여 말했다.

"저 사람이 공연한 소리를 했구먼."

그리고 청년에게 "자, 어서 물러가 편히 쉬게."

나가기를 재촉하니 청년은 황송하여 백배 사죄하고 물러갔다.

정산종사는 위의 예화를 말씀하시고 "이 어찌 만인의 스승이 아니며 만대의 거울이 아니리오."

하시고 이어서 "옛 성현의 말씀에 '있어도 없는 것 같이 하고 실(實)해도 허(虛)한 것 같이 하라' 고 하였고, '남이 알아주지 못함을 근심치 말고 설 바를 알지 못함을 근심하라.' 하였나니, 이 어찌 오늘날 우리 인류에 남기신 통철하신 교훈이 아닌가. 나 또한 이를 배우고자 하였으되 능치 못하니 옛 사람의 자취를 찾아 배우고자 하노라. 류상국선생에게 배울 바가 참으로 크다."고 하시었다.

구수미 최일양대

영광 길용리 교당에서 법성포로 흐르는 물 구비를 따라 산간협로로 북쪽 칠산 바다를 향하고 한 십리쯤 가면 조그마한 해변 동리에 이른다. 여기가 구수미라는 동리이다.

이 동리는 오래된 옛 터로 뒷산 태산준령이 병풍처럼 보기 좋게 둘러 있고, 앞은 창파만경의 무변대해로서 경치가 매우 좋은 곳이다.

한 이백 년 전 이 동리에 최일양대란 여자가 살았다. 그는 남편도 없이 홀로 여관업을 경영하여 살림이 매우 풍족하였다. 그런데 이 일양대는 항상 무슨 일을 힘써 하였느냐 하면 오고 가는 행인들의 감발과 버선을 빨아주고 기워주기와 때 묻은 의복을 씻어 주며 떨어진 의족 기워주기와 발 벗은 행인에게 신 사주기와 집도 없고 처자도 없이 돌아다니는 못난 불쌍한 사람들을 보면 데려다가 목욕시키고 의복 해 입히고 음식을 먹여 잘 쉬어가도록 하며, 무의무탁한 노인과 자력 없는 불쌍한 어린아이들에게 음식과 의복을 주어 보호하는 등의 일을 자기의 일생 사업으로 알고 이 세상 떠날 때까지 게을리 하지 않고 하였다.

그 중에도 재미있는 이야기는 혹 산간 걸승이 동냥을 오면 공경히 대접하고 동냥도 후히 주며, 혹 노비도 주고 의복 음식 등도 공양하였다.

그런데 하루는 험하게 생긴 중 하나가 와서 동냥을 달라 하는데 일양대는 조금도 불쾌한 생각이 없이 그 중을 흔연히 맞아 목욕을 시키고 새 의복을 해 입히고 음식을 공양하고 새 신과 노비까지 주었다.

그런데 그 중은 떠나면서 노비를 받지 아니하고 사양하며 도리어 음식 값과 옷 값을 내며 받기를 청하였다. 일양대는 깜짝 놀라며 말했다.

"내가 스님께 돈을 받자고 공양한 것이 아니거늘 이는 저의 정성이 부족하와 스님께서 그러시는 듯 하오니 마음에 불안합니다."

그 말을 들은 중은 묵묵하더니 "무명색한 중에게 이렇게 후대하니 대단히 감사하오."하고 작별을 한 후 길을 떠나니, 일양대는 문밖을 나서 전송을 하러 동리 모퉁이 산 밑까지 갔다.

그 중은 일양대를 돌아보며 "너는 이생에 아무 상없는 보시로 적선(積善)을 많이 하였으니 그 공덕으로 다생(多生)을 통하여 선도에 환생하여 무한한 복락을 수용하리라"고 말한 후 갑자기 사라져 볼 수가 없었다.

이 일이 있은 후 몇 해를 지나 일양대는 재산을 전부 촌중에 희사하면서 "자기의 생전 뜻과 같이 남을 이롭게 하는 공중 사업에 써 달라"는 유언 한마디를 부탁하고 섭섭하게도 황천객이 되었다.

동리 사람들은 주인 없는 일양대를 불쌍히 여겨 그 시체를 동리 산모퉁이 따뜻한 곳에 묻어 성분하고 해마다 벌초를 하며 제사를 정성으로 지내왔다.

그 후 어언간 사십여 년의 세월이 흘러 일양대란 이름도 차차 세상 사람의 기억에서 사라지고 다만 몇 짐의 흙무덤 하나만 고독하게 남아 있게 되었다.

그런데 그때 이상하게도 이 허물어져 가는 무덤을 다시 찾는 사람이 있었으니 그는 다른 사람이 아니라 당시 영광군수의 정실부인이었다.

그래 이 무덤을 찾게 된 이유는 군수 부인이 뱃속에서부터 왼손 주먹을 쥐고 나와 펴지 못하고 사십여 세가 되도록 불구자 같이 쥐고 다녔었는데 남편이 영광군수로 임명되어 도임해 온 이후로 그 쥐었던 주먹이 펴졌다.

그런데 그 펴진 손바닥에는 '전세 구수미 최일양대'라고 정자로 분명히 새겨져 있었다. 그래 그것을 본 군수 내외는 하도 괴이하여 곧바로 사람을 시켜 '구수미에 최일양대 란 사람이 산 일이 있느냐' 고 조사하였다.

한 사십여 년 전에 살다 죽은 사실이 분명하여 군수 부인은 자기의 전신임을 확실히 깨달았다. 바로 군수 내외가 동행하여 구수미를 찾아와서 묵어가는 일양대의 무덤을 파헤치고 보았다.

옛날의 자기 얼굴과 살은 어디 가고 백골만 말없이 대하는지라. 군수 부인은 시름없이 흐르는 눈물을 뿌리면서 자기 전신인 백골을 마디마디 만져본 후 그 자리에 다시 분묘를 크게 짓고 돌아가서 묘답을 더 장만하여 영원히 제사를 지내도록 하였다.

그 부탁을 받은 동리 사람들은 대대로 일양대의 이야기를 전하면서 벌초도 잘하고 제사도 지내왔는데 연구세심(年久歲深)하여 짐에 따라 자연히 묘답도 없어지고 근래에 와서는 제사도 지내지 않는다.

그러나 지금도 아이들이 일양대의 무덤이라면 다 알고 일 년에 몇 번이든지 풀만 자라면 누구나 선후를 다투어 벌초를 한다.

오백년 이어온 불씨

　영광에 사는 영월 신씨 가에는 오백여 년 동안 불씨를 담아 꺼치지 않고 이어온 화로가 가보(家寶)로 전해지고 있다.
　조상이 영광에 처음 터를 잡고 살기 시작하면서 자녀에게 불씨가 담긴 화로를 전하며 '항상 불씨를 중히 간직하라'는 당부를 하였다.
　이 당부를 오백여 년간 자자손손 지켜서 오늘날까지 전해오고 있다.
　신씨 집으로 시집온 맏며느리의 시집살이는 뭐니 뭐니 해도 오뉴월 삼복에도 화롯불을 돌보는 일이었고 맏며느리로써 인정을 받으려면 화로의 권리권을 물려 받아야했다.
　신씨 가에서는 이 불씨를 조상 받들듯이 한다.

돈 빌려간 사람

사업에 실패한 사람이 부자에게 와서 오백 냥의 돈을 빌려가거늘 부자의 아들이 보니 돈 꾸어간 첫날부터 고기를 많이 사서 먹는데 이백 냥을 소비시키 고 삼백 냥으로 장사를 하여 큰 이익을 남기더니 빌린 돈을 갚으려 왔다.

아들이 궁금하여 아버지에게 물었다.

"아버지는 그 자가 어찌 갚을 줄 알고 선뜻 돈을 빌려 주었으며, 또한 그자는 어찌 이백 냥은 그냥 먹어서 소비시켰을까요?"

아버지가 말했다.

"처음에 돈 구하러 오는 기상이 참 활발하여 믿고 돈을 빌려준 것이며, 처음에 먹는 것으로 이백 냥 돈을 쓴 것은 얼굴이 좋아야 돈이 많이 따라 붙는 것이니 그리 하였으리라."

정산종사는 위의 예화를 말씀하시고 "우리 사회도 일은 복잡하고 정신을 쉬지 못하면 세상 풍랑과 싸워갈 힘이 없게 되는 것이다. 한 주일 선(禪)으로 말미암아 정신을 잘 쉬어주는 것이 곧 준비요, 돈 꾸어간 사람과 같은 사람이라 하겠다. 학력 있는 사람이라고 해서 세상을 지배하는 것이 아니다."고 하시었다.

여우귀신 사당

경상도 반연(班緣)에 신부가 신행(新行)을 하여 시집에 당도하니, 여우귀신 사당에 먼저 인사를 드리라 하였다. 그러나 신부는 "최령한 인간이 어찌 여우귀신에게 절을 할까보냐"하며 인사는 하기는커녕 그 여우귀신의 사당을 부숴 버리는 대담한 처사를 하였다.

그 후 아기를 낳았는데 나면 죽고 나면 죽고 하여 둘이나 잃었더니, 그 여우사당 부순 과보라고 사람들이 수군대는 것이었다. 셋째 아이를 임신하였을 때 꿈에 그 여우가 나타나자 부인이 큰 소리로 '이놈의 요망한 여우귀신아! 내 아이들을 잡아 가게 내버려 둘 것 같으냐. 차라리 내 손으로 없애 버리겠다!' 고 울부짖으니 그 여우가 '죽은 두 아이는 명이 짧아 그랬고 이번 세 번째 아이는 명이 긴 아이니 그러지 말라. 만일 죽인다면 여우인 나의 장난으로 인해 나타난 불상사라 내가 그 과보를 받게 되니 두렵다. 제발 그 아이 죽이지 말고 잘 키우라. 나는 이제 여기를 떠난다.' 하는 말을 남겼다.

꿈속의 여우 말대로 그 아이는 잘 자라서 훌륭한 사람이 되었다.

정산종사는 위의 예화를 말씀하시고 "추호불차(秋毫不次)한 인과 진리임을 알아 생활하여 나간즉 삼세지사(三世之事)에 신기한 기틀을 환히 알 것이다."고 하시었다.

천어(天語)

한 사람이 술에 독취하여 길에서 잠이 든지라 매형이 그 사람 주머니에서 소 판 뭉칫돈을 내갔다. 술이 깨어 집에 돌아와 주머니를 본즉 돈이 없었다.

답답해 하다가 '천진한 어린아이는 다 안다더라' 하여 4살 먹은 아이를 데려다가 그 앞에 자리를 펴고 청수를 올리고서 돈 가져간 자를 알려달라고 빌었다.

천진한 아이는 그냥 '고모아빠'를 불렀다.

그래서 곧 고모아빠를 찾아가서 본즉 그 돈이 있었고 바로 내어주었다.

정산종사는 위의 예화를 말씀하시고 "이것이 곧 천어(天語)가 아니고 무엇이랴! 거짓이 없고 사욕이 공(空)하여 나오는 말이 곧 천어이다."고 하시었다.

첫날밤에 논에 간 신랑

의지할 데 없는 어린아이가 과부댁에 꼬마머슴으로 들어가 열심히 일을 하다 차차 성인이 되어 날이 가물던 해 장가를 가게 되었다.

장가를 가서 신혼 첫날밤을 맞이하여 막 잠자리에 들자마자 가뭄에 단비가 내렸다. 비 내리는 소리를 들은 신랑은 벌떡 일어나 도롱이를 챙겨 입더니 온다 간다 말도 없이 그냥 산 넘고 들을 지나 10리나 되는 길을 단숨에 달려 주인의 논도랑을 막아 찰랑찰랑 물이 고이게 하고서 다시 달려와 신혼 방에 들어가 잤다.

주인아주머니는 머슴을 장가보내느라 피곤하여 밤새 골아 떨어졌다가 아침에 일어나서야 비온 것을 알고 서둘러 논에 갔다. 어찌 된 일인지 자신의 논에만 물이 찰랑거리고 있지 않은가! 누가 논에 물을 잡아 놓았을까? 알쏭달쏭 하였다. 논에 물을 잡아 놓아 그해 농사가 잘되어 가을 추수가 되니, 다른 집보다 벼농사는 훨씬 풍작을 맞았다.

주인아주머니는 논에 물을 잡아 놓은 일을 이상히 생각하여 오다가 세월이 흘러 우연히 머슴의 아내로부터 신혼 첫날밤 이야기를 듣게 되었다. 주인아주머니는 감사의 뜻으로 머슴에게 이자까지 후하게 세경을 주었다. 그리하여 머슴은 그 돈으로 행복하게 잘 살았다.

정산종사는 위의 예화를 말씀하시고 "주인은 알뜰하고 상(相)이 없기 때문에 큰 이익을 차지하게 되는 것이다. 주인의 이러한 심경은 시방세계가 오가(吾家)의 소유인 지경에 이르게 된다. 우리 교중에도 이런 사람이라야 법주(法主)가 된다. 교중을 이용하느냐, 교중에 바치느냐에 주객(主客)이 갈리게 된다.

여러분은 몸을 바친 주인이 되어 이 공부 이 사업을 영원히 빛내는 사람이 되라."고 하시었다.

위의 예화와 같은 예화를 양산 김중묵 종사는 다음과 같이 이야기 했다.

전북 고창에 김양배라고 하는 사람이 살았다.

그는 부모 밑에서 글공부만 하던 서당도령이었는데 갑자기 부모가 세상을 떠나자 의지할 곳이 없었다. 그런데 그 이웃 마을에 과부댁이 살았는데 당시만 하더라도 과부들은 문밖출입도 함부로 못할 뿐 아니라 과부댁의 일도 해주지 않을 때였다.

그런데 이 과부는 어린 김양배를 데려다 일도 시킬 겸해서 같이 살게 되었다, 말하자면 꼬마머슴으로 들어간 것이다.

이렇게 꼬마머슴으로 들어간 김양배는 차차 성인이 됨에 따라 기운이 세져 더욱 일을 잘하게 되고 나이가 들어 결혼할 시기가 되었다. 과부댁은 평소 김양배의 신부감을 물색하여 더부살이를 시키기로 했다.

결혼 날이 되어 그 곳에서 10리 나 떨어진 마을로 장가를 갔다. 장 가드는 날이었기 때문에 잔치야 뭐야 하여 새벽 1시경에나 늦게 잠 자리에 들었다. 그런데 잠자리에 들자마자 우두둑 하면서 빗방울이 떨어지기 시작하더니 금세 주룩주룩 세찬 비로 바뀌었다. 그해로 말하면 봄내 비가 오지 않고 가문대다가 이미 농사철이 지나가던 때라 이번 비를 놓치게 되면 폐농의 우려마저 있었다.

김양배는 장가간 첫날, 그것도 한밤중에 막 잠자리에 들려고 하는 데 비가오니 부인에게 헌옷과 삿갓, 삽 한 자루와 도롱이 등을 가져 오라고 했다. 그는 그곳에서 10리 나 되는 과부댁의 논까지 달려가 서는 물꼬를 막고 물구멍이 있는가를 새벽이 되도록 다 살펴본 후 에 물이 논에 가득 고이는 것을 보고 처가에 돌아오니 이미 날이 밝 아오고 있었다.

한편 과부댁은 머슴을 장가보내느라고 하루 종일 종종걸음을 치 고 고단하여 세상 모르고 자고 나서야 밤에 단비가 온 것을 알았 다.

"재수 없으면 뒤로 넘어져도 코가 깨진다더니 하필 어젯밤에 비 가 올게 뭐람" 하면서 혹시나 하여 아침 일찍 삽을 들고 논에 나가 보았다.

그런데 이게 웬일인가? 자기의 논에만 물이 가득하니 참 이상도 했다. 도깨비장난도 아니고, 가뭄 비는 논두렁이 터지기 쉬운 고로 다른 논에는 물 단속을 잘못해 별로 물이 채워지지 않았다.

날이 가물다 비가 오면 농사가 잘되는 법인데 그해에는 이상하게

도 자기 논에 물이 마르려고 하면 비가 오고하여 평년작보다 훨씬 많이 풍작을 거두어들였다. 반면 다른 사람들의 농사는 신통치 않아, 과부댁은 거두어들인 벼로 빚 놀이를 하여 살림이 무럭무럭 불어나갔다.

그러는 가운데 몇 년이 지나갔는데 이 과부댁은 항상 그때 그 일이 궁금했다. 세상에 누가 그때 논물을 막았을까? 도깨비의 장난이었을까? 이런 생각을 하면서 살아왔는데 그해에도 농사를 잘 지어놓고 칠월 백중날 밤 제사를 지내기 위해 머슴 김양배와 마루에 앉아 있고 김양배의 아내는 부엌에서 음식을 장만하고 있었다. 이 때도 과부댁 혼자 "누가 그 물고를 막았을까?" 하며 중얼거렸다.

이 소리를 부엌에서 듣고 있던 김양배의 부인이 빙긋이 웃었다. 그것을 본 과부댁이 무슨 곡절이 있을 것이라고 다그쳐 물었다. 그리하여 그날 밤에 있었던 일의 시종을 알게 되었던 것이다.

왜 그래 놓고도 한 번도 그 이야기를 하지 않았느냐고 하자, 김양배는 빙긋이 웃기만 하였다.

과부댁은 그날 잠을 자지 못했다. 만일 그때 논물을 막아주지 않았다면 폐농을 면치 못했을 것이고 잘해야 평년작이었을 것이다. 평년작을 했다고 가정하고 그 이상의 수확은 순전히 머슴 덕이다. 그러니 그것은 그 사람 몫이 아니겠는가. 이런 생각을 하게 되어 평년작 이상의 소출을 원금으로 이자를 계산하고 또 이자를 계산해 보니 270석이 되었다.(그 당시는 이자가 곱리였으며, 1년에 배씩 높였기 때문이다.)

다음날 아침, 과부댁은 김양배 부부를 불러놓고 이야기했다.

"자네 덕분에 나는 이제 부자가 되었네. 더구나 그때 그토록 고마운 일을 해 놓고도 지금껏 말 한마디 않고 자네 부부가 이토록 내 살림을 열심히 해주어 고맙네. 그런데 그때 자네가 막아 준 논의 물 덕분에 더 수확을 하게 된 것은 그것은 내 것이 아니라 자네 것이니 자네에게 돌려주겠네. 그때부터 지금까지 수입을 계산해 보니 270석이고 거기다 고마워서 내가 30석 더 보태 300석을 자네에게 주겠네."

과부댁은 김양배 부부에게 300석을 주었다.

두 친구의 차이

옛적에 다정한 친구 두 사람이 있었다. 어느 날 한 친구가 음식을 많이 장만하여 다른 친구를 청하여 놀다가 부인을 불러내어 말했다.

"이런 다정한 친구가 오셨으니 마누라는 어디 춤이나 한 번 추어 보시오."

그러자 그 부인이 조금도 서슴지 않고 춤을 덩실덩실 추었다.

또 자부(子婦)를 불러 춤을 추라 하니 자부 역시 춤을 추었다. 아들이 밭에서 소를 몰고 돌아오자 아들을 불러 말했다.

"그 소를 용마름에 매어라."

그 아들 역시 아무 말도 없이 짚단을 태산같이 높이 쌓더니 소가 짚을 밟고 오르게 하여 용마름에 매는 것이다.

다른 친구는 자기도 집에 돌아와서 그와 같이 해보기로 했다.

대접한 그 친구를 청하여 먼저와 같이 음식을 장만하고 서로 재미있게 먹다가 부인에게 "춤을 추라."하니 부인은 노발대발하여 "미쳐도 분수가 있지 친구 앞에서 춤을 추라 하시오."하고 춤을 추지 않았다. 그 다음 자부 보고 "나와 춤을 추라."하니 웃으며 나오지도 않았다. 그 다음 아들 보고 "소를 용마름에 매어라."하니 "아버님께서 정신에 고장이 났기에 저런 말을 하시지 그렇지 않고서야 어찌 이런 말씀을 하실 수 있습니까."하고는 말을 듣지 않았다.

정산종사는 위의 예화를 말씀하시고 "처음 친구 가정은 각자의 주견을 세우지 않고 지도인의 명령에 복종하는지라 집안이 온순하고 화목하며, 나중의 친구 가정은 각자의 주견을 세우며 지도인의 명령에 불복하는지라 집안이 불목이요 불평이다.

우리 회상에 동참한 공부인들도 지도인의 지도에 절대 복종하여야 바른 지도를 받게 되나니라."고 하시었다.

파리대감

옛날 파리대감이라 불리는 사람이 있었다.

그 대감은 파리를 키웠는데 이 사람만 지나가면 파리가 달라붙었다. 밥을 얻어먹으려고……

그런데 어쩌다가 이 사람이 어떤 사람에게 역적모의로 모함을 당하여 교수형에 처하게 되었다. 그래서 꼼짝없이 죽게 되었다.

형장에서 형을 집행하려고 하였다. 그런데 갑자기 난데없는 파리들이 어디서 날아와서는 벌떼처럼 그 대감의 머리에 칭칭 달라붙고 사형을 집행하는 사람을 쏴 버렸다.

형 집행자는 하도 이상하여 사형을 집행하지 못하고 이 소식을 임금님께 고하니 임금님이 잠깐 사형을 중지시켰다. 그리고 임금님이 대감에게 그 연유를 물으니 말했다.

"평소 파리를 어여삐 여겨서 밥도 주고 했더니만 내가 죽게 되니 저희들이 서운하게 되어서 그러지 않느냐 생각합니다."

임금님이 이 소리를 듣고 말했다.

"파리까지도 생명을 아끼는 양반이 어떻게 역적모의를 할 수 있느냐. 할 수 없다."

임금님은 대감을 살려주며 말했다.

"이 사람을 앞으로는 파리대감이라고 부르라."

정산종사님 당시에 파리가 많았다.

정산종사는 파리채로는 파리를 때려서 못 잡게 하였다. 그래서 파리 잡는 병을 놓았었다.

어느 날 시자가 궁금해서 여쭈었다.

"병으로 잡는 것이나 때려잡는 것이나 똑같이 잡는 것이고 파리가 죽는 것인데 왜 파리채로는 못 잡게 하시는지 그 차이점이 있습니까?"

시자의 질문에 정산종사는 파리대감이라는 예화를 들어 주신 후 이어서 말씀하시었다.

"약이나 파리채를 사용하여 잡는 것은 파리가 살겠다고 놀고 가만히 돌아다니는 것을 느닷없이 파리채로 때려 죽이고 약을 뿌리는 것은 무자비하다. 그러나 병으로 잡는 것은 병속에 밥을 먹기 위해서 파리가 욕심을 내고 들어왔다가 빠져 죽으니 그것은 의미가 다르다. 안 잡는 것만은 못하지만 자기가 판단을 잘못하여 들어와서 죽었으니 때려잡는 것과는 차이점이 있다."

쥐의 보은

 한 부잣집 노인이 창고 청소를 하기 위하여 머슴을 시켜서 벼 가마니를 들어내는데 마지막 한 가마니를 들어내려 하니 말했다.
 "그것은 그대로 두어라."
 "무엇하려고 그러십니까?"
 "쥐도 먹고 살아야 할 것 아니냐."
 이러한 일이 있은 지 몇 해 후에 머슴이 뜰에서 말하였다.
 "주인어른, 좋은 구경거리가 있으니 나와 보십시오."
 이에 노인 부부가 방에서 문을 열고 나와 보니 큰 쥐 한 마리가 머리에 쪽박을 둘러쓰고 뜰에서 뱅뱅 돌고 있으므로 이것을 지켜보고 있는 순간 수백 년 묵은 집이 굉음을 내며 폭삭 넘어져 버렸다.

 정산종사는 위의 예화를 말씀하시고 "여유 있는 마음으로 은혜를 베풀어 주면 언젠가는 보은을 하게 되는 것이다."고 하시었다.

제5부

이순신 장군의 나라 사랑

이순신 장군이 말했다.
"우리나라는 비록 작고
또 7년간의 싸움에 피폐되었지마는
나에게는 조국이요,
조국에 대한 애국심은
큰 중국에 바꿀 수 없으며,
우리나라를
저버리고는 다른 곳에 갈 수는 없소.
이렇게
피폐된 조국일수록
조국에 대한 사랑은 더해갈 뿐이오."

(제5부는 곤타원 박제권 종사께서 정산종사님의 법문을 받들면서 예화만을 따로 노트에 수필 하였던 것의 일부를 다시 정리한 것임)

이순신 장군과 진린

정유재란 때 우리나라는 명(明)나라에 원병을 청하게 되었다. 그때 명나라의 수군(水軍)을 진린(陳璘)이 통솔하여 왔다.

고금도(古今島)에 진을 치고 있던 이순신 장군은 기뻐서 잔치를 베풀어 진린과 명나라 군사를 환영하였다.

진린은 독살스럽고 심술궂은 사람으로 명나라에서도 말썽이 많은 사람이었다. 그것을 안 이순신 장군은 환영잔치를 성대히 하였다.

이순신 장군은 배를 다시 만들고 군사를 훈련시켜 조선의 해군을 많이 복구시켰다.

기세당당하게 큰 소리를 치던 명나라 군사들은 첫 번째 싸움에서 도망가고, 우리 수군만이 용감히 싸워 적선 6척과 적병 69명을 죽였다.

싸움이 끝나고 이순신 장군은 운주당(運籌堂, 정략을 의논하는 곳)에서 연회를 열었다. 그 보고를 들은 진린이 분노하여 선봉을 맡았던 장수를 죽이려고 하니 이순신 장군이 말했다.

"장군이 명나라의 대장군으로 우리나라에 나왔으니 우리 수군의 승리는 곧 장군의 승리가 아니요, 이번에 세운 공은 당연히 장군 앞으로 돌아가야 할 것이요."

그리고 우리 수군이 포획한 것을 전부 진린에게 주어 전과를 보고하도록 하였다. 그 후에도 적의 수급을 여러 차례 주어 진린의 공을 빛나게 하였다.

그리하여 조선에 원병으로 온 명나라 장군들 중에 진린의 공이 제일 월등했다.

진린은 항상 이순신 장군의 배에 같이 타고 이순신장군이 시키는 대로만 하였다. 거만한 진린이 이순신 장군에게 복종하고 심복(心服)하게 된 것이다.

진린이 이순신 장군에게 말했다.

"공(公)은 중국에 태어났어도 마땅히 천하의 대장군이 될 만한 자질을 갖추고 있소."

진린은 이순신 장군에게 중국에 들어가 벼슬을 하도록 몇 번이나 권했다.

이순신장군이 말했다.

"우리나라는 비록 작고 또 7년간의 싸움에 피폐되였지마는 나에게는 조국이요, 조국에 대한 애국심은 큰 중국에 바꿀 수 없으며, 우리나라를 저버리고는 다른 곳에 갈 수는 없소. 이렇게 피폐된 조국일수록 조국에 대한 사랑은 더해갈 뿐이오."

진린은 이순신 장군의 말에 감격하여 부끄럽다고 사과하고 그 후로 이순신 장군을 더욱 숭배하였다.

그런데 명나라 군인들이 민가에 들어가 노략질이 심해져 백성들이 이순신 장군에게 호소하였다. 이순신 장군은 생각 끝에 백성들과 군졸들에게 근처의 가옥들을 헐고 짐을 배로 옮기라 하였다.

진린이 이것을 보고 무슨 일이냐고 이순신 장군에게 물으니 말했다.

"당신 나라 군인들의 노략질이 심하여 백성들이 더 이상 견딜 수 없자 집을 헐고 이곳을 떠나 다른 곳으로 옮기는 것을 난들 어찌할 수 없소. 내가 여기 있는 것은 당신들과 싸우는 것이 목적이 아니고 우리 백성들을 보호하기 위해서 있는 것이오. 백성들이 없는 이곳에 난들 있을 필요가 없으니 나도 멀리 도망갈 준비를 하고 있소."

진린이 이순신 장군을 말리니 장군이 말했다.

"7년간이나 왜놈들한테 당하는 것도 원통한데 당신네 나라 군인들에게까지 당하게 되니 나로서 차마 그냥 볼 수 없소."

"이제부터는 엄중히 단속하겠소."

"밖에서 하는 일을 다 단속할 수가 없으니 내게 군사를 다룰 수 있는 권리를 허락만 하여주시오."

진린이 쾌히 승낙하였다. 그 후부터는 명나라 군인으로 인한 피해가 없게 되었다.

적덕정승의 아량

　삼대에 걸쳐 정승을 하고 있는 집안에 아들은 없고 딸만 있다가 뒤 늦게 삼대독자 아들을 하나 낳았다. 그 아들은 더구나 총명하고 영리한 아이였다.
　정승은 조정에 갔다 오면 관복도 벗지 않고 먼저 아들을 한 번 안아보고 관복을 벗을 정도로 사랑하였다.
　어느 날 하인 여자 아이가 마당에서 손바닥으로 아들을 고네하여 주다가 정승이 문을 열고 나오는 것을 보고 깜짝 놀라 그만 아이를 땅바닥에 내리치고 말았다. 아이는 그만 그 자리에서 즉사했다. 하녀는 어찌할 바를 모르고 있었다.
　정승이 가만히 멈춰서 생각하여 보니 '그 아이가 그렇게 영리한 것과 이와 같이 죽은 것이 필시 무슨 곡절이 있을 것이며, 분명 원수를 갚으려고 나온 것일 것이다. 그리고 하녀는 그 아이가 미워서 죽인 것이 아니고 예뻐하다가 죽인 것이다. 하녀는 죄가 없는 것이다' 라고 생각하고 하녀에게 말했다.
　"조용히 해라. 정목부인(貞牧夫人)이 알까 무섭다. 넌 죄가 없으니 어서 가서 밥이나 해라."
　하녀는 죄를 지어 어찌할 바를 모르다가 정승의 말에 더 황공하나 별수 없이 밥을 하러 갔다.
　조금 후 정승의 부인이 오니 정승이 말했다.

"내가 이 아이를 데리고 노는데 갑자기 경풍(驚風)이 나더니 죽었소."

부인은 아이를 보고 통곡하였다.

정승이 부인에게 말했다.

"이 자식은 당신만의 자식이 아니요. 어진 아내는 역경에 남편을 위로하고 보살피거늘 나는 맘이 아프나 참고 있는데 여자가 큰 소리로 우는 데가 어디 있소."

부인은 하는 수 없이 서러움을 참았다.

그날 밤 꿈에 옥황상제가 나타나 말했다.

"너희가 정승을 할 때 무고한 삼형제를 죽인 일이 있다. 그 형제가 원수를 갚기 위해 너에게 세 번 왕래하여 원수를 갚으려 하였다. 그런데 너의 덕화(德化)로 그 아이가 감화를 받고 원수 갚을 것은 이것으로 끝내고 되러 너의 집에 태어나 아들 노릇 잘하겠다니 그리 알라. 이번에는 진짜 아들이다."

정승은 다시 아들을 낳아 잘 키웠다.

탐욕으로 죽다

일재시대에 고창에 사는 자수성가한 한 사람이 정읍에 있는 금융조합에 돈 백만 원을 맡겨 놓고 썼다. 그 사람이 어느 날 산을 살려고 백만 원을 찾아왔다. 그런데 금융조합에서 연말결산을 하면서 그를 불러서 말했다.

"연말결산을 하겠으니 이월(移越)할 것인지 찾아갈 것인지 말하여 보시오."

"그 돈은 이미 제가 다 찾아갔습니다."

금융조합 이사는 반가워하며 말했다.

"그때 장부에는 기록을 하지 않고 우선 급해 도장만 찍고 주었지요? 어쩐지 돈이 모자라 몹시 걱정하던 중이었습니다."

이사의 감사하다는 인사를 받고 헤어졌다.

그는 집으로 돌아오면서 '이놈의 주둥이 때문에 백만 원을 놓쳤구나! 이놈의 입' 하며 후회하였다. 그는 그 후로 돈 생각이 떠나지 않고 그때 찾았다는 말만 안했으면 백만 원을 횡재 만났을 것인데 하며 후회했다. 그는 그것이 병이 되어 3개월 만에 죽고 말았다.

재물에 대한 욕심

　유달영 박사는 6·25전쟁이 일어나자 서울에서 남쪽으로 피난을 떠났다. 피난 가는 차안에서 선배 이씨를 만나 대전까지 동행하게 되었다. 유 박사는 대구로 갈 작정이었다. 그러나 선배는 전주에 10년간 가르친 제자 집으로 간다고 하였다. 유 박사는 노(老)선배를 혼자 가시라 할 수 없어서 같이 전주로 가기로 했다. 그리하여 전주로 가 선배의 제자 집을 찾아갔다.

　그 제자 부친은 전쟁 중에도 돈 벌이로 몹시 바빴다.

　전주는 아직 평화도시였다. 유 박사는 선배는 그 집에서 약 10일간을 묵었다. 제자의 어머니는 날마다 반주까지 주며 대접을 하였다.

　전주도 인민군에게 점령을 당하게 되었다. 그러자 제자의 부친은 자전거 위에 거의 볏섬만한 돈을 묶어 실었다. 그리고 배낭에도 돈을 가득 담아서 싣고 떠나면서 잘라서 말했다.

　"선생들과 나와는 가는 길이 다릅니다. 빨리 제각기 피난하기 바랍니다."

　유 박사는 그가 돈이 그렇게 많으니 빈주먹으로 찾아온 자기 아들의 은사(恩師)에게 비상금이라도 다소 드리려니 생각하였는데, 그것은 터무니없는 공상이었다.

진초오국의 외밭

진초오국(陳楚五國)은 적국(敵國) 사이였다.

국경에는 외(오이)밭이 있어 서로 잘 가꾸는데 가뭄이 들었다. 하지만 진나라 사람은 물을 주어 외 밭을 잘 가꾸었다. 초나라 사람이 보니 자기 밭은 마르고 크지 않는데 진나라 사람의 밭만 잘 되니 배가 아팠다. 그렇지 않아도 적국 사람이라 미운데다가 외밭까지 잘 되니 회초리를 꺾어다가 외넝쿨을 다 쳐버렸다.

진나라 사람이 와서 보니 외밭이 모두 망가져 있었다. 그러나 그는 분노하여 당장 죽여도 시원하지 않으나 한 맘 돌려 멈춰 생각했다.

'인간의 심리란 누구나 내 것 잘 안 되고 남의 것 잘 되면 시기가 나는 법이다. 내가 잘못했다. 같이 물을 주어 키웠더라면 이런 일이 없을 터인데……'

진나라 사람은 그 다음부터는 초나라 사람의 밭부터 물을 주고 자기의 밭에 물을 주어 외를 잘 키웠다.

초나라 사람은 골이나 밭을 포기하고 나가보지도 않다가 비가 모처럼 내리니 혹 '외 하나나 있을지' 하고 밭에 가 보았다. 어쩐 일인지 외밭이 새파랗게 자라고 있었다. 깜짝 놀라 달려가 보니 두 외밭이 모두 농사가 잘 되어있었다.

초나라 사람은 '그것은 필시 진나라 사람의 행위로구나' 하고 이

튼 날 아침에 숨어서 보았다. 진나라 사람이 물을 길어다가 적국인 자기 밭부터 먼저 주고 있었다. 초나라 사람은 나와서 진나라 사람에게 지난 일을 사과하고 두 사람은 형제의(兄弟義)를 맺었다. 그리고 그 외밭에 평화당(平和堂)을 건설하였다.

이문원의 장난

정종임금 시대에 이문원(李文源)은 어려서 명재상 천보(天輔)의 집에 양자로 들어갔다.

문원은 글 배우기를 싫어하고 장난을 좋아했다. 천보는 화가나 문원을 생가로 쫓아 보냈다.

문원이 쫓겨나며 말하였다.

"글자를 몰라 안 읽는 줄 아나, 만약 글을 정신 들여 읽었다간 책 창고에 쌓인 글을 모두 읽으라 할 것이 아닌가? 그러자면 글 읽는 동안에 머리가 희어져 버리지, 또 재물과 벼슬은 스스로 타고난 분복(分福)이 있는 것인데 윗대의 찌꺼기를 바란단 말인가?"

청지기에게 문원이 한 말을 전해들은 천보는 문원을 도로 데려왔다.

하루는 천보가 조정에 조회를 갔다 오니 장판이 온통 송곳으로 뚫려 있어 문원에게 물으니 말했다.

"벼룩 놈을 송곳으로 잡으려하여도 잡히지 아니하여 그리하였나이다."

천보는 다음날 입궐하면서 장난을 못하게 팥 한 말을 주며 세라하였다. 문원은 놀다가 천보가 궁에서 올 시간이 되니 하인에게 '한 홉을 세어 놓으라.' 하고 그 한 홉으로 세어서 삽시간에 팥 한 말을 세어놓았다. 그리고 천보에게 말하였다.

"아버지께서는 정승 노릇하시는데 매 한 대 때릴 죄인까지 친히 다루십니까? 그러다가는 진지 잡수실 틈도 없고 일은 일대로 안 될 것입니다."

문원은 팥을 하나도 손대지 않고 센 것을 자랑하였다.

문원은 천자(千字)하나 공부하지 않았으나 재상의 자재로 차작(借作)의 글로써 과거에 등과하였다. 그래서 한림직각(翰林直閣)을 했다.

어느 봄에 문원은 친구 선비들이 탕춘대(蕩春台)에 모여서 시회(詩會)를 한다는 소문을 듣고 갔다. 친구들은 무식꾼이 왔구나하여 시(詩)하나 지여 보라는 말 한마디 안했다.

문원이 말했다.

"남의 시회에 와서 술만 먹어서야 예가 아니니 육두풍월(肉頭風月)이지만 나도 한마디 짓겠소."

그리고 문원이 운(韻)을 따라 지었다.

"이화도화 행화개(李花桃花杏花開) 판서참판 도의래(判書參判都議來),

탕춘대상 춘정호(蕩春台上春正好) 일배일배 부일배(一杯一杯復一杯)."

'오얏꽃 복숭아꽃 살구꽃이 어울려 피었는데 이판참판 모두 다 모이었네,

탕춘대 위 춘정이 좋으니, 한 잔에 한 잔 또 더하여 한 잔 취하도록 마셔 보세나.'

문원의 시에 모두가 그만 기가 질려 버렸다.

어느 해 동지사(冬至使)가 청국(淸國)에 들어갈 때 만조백관들이 환송하는 잔치에서 잘 다녀오라는 별장(別章)을 짓기 위해 모두들 시상을 떠올리고 있는데 문원이 즉석에서 시를 지었다.

"동상월 모화관(冬上月慕華館) 상부사 서장관(上副便書狀官),

연경로 삼천리(燕京路三千里) 거평안 거평안(去平安去平安)."

'동짓달 모화관의 상부사 서장관님,

연경길 삼천리를 평안히 가세요, 평안히 가십시오.'

아는 것을 모르는 척

어떤 정승의 아들이 그 아버지에게 물었다.
"아버지께선 조정에 나가셔서 하는 일 중에 어떤 것이 제일 어렵습니까?"
"글쎄 아는 것을 모르는 척 하는 것이 제일 어렵지"

부하 거느리는 법

한 사람이 형에게 물었다.
"나는 사백 명을 거느리고 있으나 이리 골통(머리)이 아픈데 말이요, 형은 오천 명이나 되는 많은 사람들을 수족(手足)같이 움직이고 있으니 무슨 비결이 있는지 가르쳐 주시오."
형이 말했다.
"나에게 별다른 비결이란 없다. 다만 나는 한 번도 부하들을 남 앞에서 꾸짖어 본 적이 없다."

점원과 약속

일본에서 시계왕(時計王)이라고까지 이름난 '핫도리 긴다로'는 점원 청년이 장래가 유망한 사람이라고 생각했지만 술이 너무 심하여 염려했다.

핫도리는 점원에게 말했다.

"어떤가? 자네 그 술을 금할 수 없는가?"

"네. 글쎄요."

점원은 황송한 듯이 주저하고 있을 때 핫도리는 자신도 젊어서부터 담배를 좋아하여 잠시도 담뱃대를 놓지 않는 버릇이 있다는 것을 생각했다.

"그래 그렇다면 나도 오늘부터 담배를 끊을 터이니 자네는 술을 끊지 않겠나?"

"네"

이렇게 약속한 점원은 그날부터 술을 끊었다. 핫도리도 죽는 날까지 담배를 피우지 않았다.

성공의 뜻

한 사람이 말했다.

"그 사람 성공했어"

"무슨 성공을?"

"찢어지게 가난하던 사람이 부자가 되었으니까."

"그것이 성공인가? 성공(成功)이란 글자를 잘 새겨보게. 공(功)이란 것은 여러 사람을 위한다거나 나라를 위한다거나 하는 데에만 쓰는 법인데 어찌 제 자신만을 위하는 부자가 되었다고 성공이란 말인가? 그러니까 여러 사람을 또는 나라를 위하는 목적이 있고 그 목적이 이뤄졌을 때 성공이라 해야……."

오봉과 악습

옛날 대만에서는 3년 만에 한 차례씩 사람의 머리를 베어서 제사를 지내는 악습(惡習)이 있었다.

이 악습을 고치려고 많은 선각자들이 노력했으나 대대로 전해오는 악습을 고칠 수가 없었다.

고을의 지도자요 덕망 높은 오봉(吳鳳)이 민중들 앞에 나서서 말했다.

"금년에도 여러분들은 사람의 머리를 베어 놓고 제사를 지내야 하겠소? 여러분의 이 악습을 고치기 위하여 얼마나 많은 선각자들이 애를 썼소. 아무리해도 이 악습을 못 버리겠다면 나는 더 이상 말리지 않겠소. 그러나 구태여 그렇게 해야만 한다면 내가 결정해 주는 사람의 머리를 베기로 하시오. 여러분 어떻소."

이 말을 들은 민중들은 전연 하지 말라면 모르거니와 사람을 정해 주겠다는 데는 거역할 수 없었다. 모두들 오봉의 말대로 하겠다고 찬성을 하자 오봉이 다시 말했다.

"그러면 여러분은 결코 다른 사람의 머리를 베어서는 안 되오. 내일 저녁 즈음에 이 마을 숲에 흰옷 입은 사람이 지나갈 것이오. 그 사람의 목을 베시오."

사람들은 숲속에 숨어서 흰옷 입은 사람이 나타나기를 기다려 그의 목을 잘랐다. 자른 머리를 가지고 재단에 와 보니 그 머리가 오봉의 머리였다. 오봉의 머리를 보자 민중들은 통곡하며 울었다. 그로부터 그 고을에서 사람의 머리를 바치고 제사지내는 악습이 사라졌다.

자하의 세 가지 죄

자하(子夏)가 병중에 있다는 소식을 들은 증자(曾子)가 위문을 가니 자하가 말했다.

"나는 부족하나마 성현의 공부를 했고 공자님이 세상을 떠나신 뒤에 그 거룩한 뜻을 세상에 펴 보려고 애썼을 따름이고 별로 지은 죄는 없는데 자식을 죽이고 또 눈까지 어두워지니 이것이 다 천명(天命)이기는 하나 세상이 원망스럽소이다."

자하의 말을 들은 증자가 말했다.

"이 무슨 말씀이요. 죄가 없단 말씀이 될 말이요. 노형(老兄)이 마치 공자님 못지않은 성현님처럼 자처(自處)한 것이 첫째의 죄요, 또 노형의 선친이 돌아가시고 3년 동안 집상(執喪)을 해도 세상 사람들이 노형을 본뜰 만한 노자(老子)라고 하는 말을 들어 보지 못했으니 둘째의 죄이며, 또 상중에는 병이 나지 않던 것이 아들이 죽고는 눈이 어두워지고 병이 생겼으니 이 어찌 큰 죄가 아니리요."

자하는 무안스러운 듯이 말했다.

"과연 그러하외다. 앞으로 충고를 많이 해주시오."

교우의 신의

왕관과 백이는 관포지교(管鮑之交)만큼 신의가 두터운 교우(交友)였다.

어느 때 왕관이 다른 사람의 모략으로 감옥생활을 하게 되었다. 백이는 교우란 나타난 의리보다는 나타나지 않는 의리를 가져야 진정한 교우라 생각하여 한 번도 왕관을 면회 가지 않고 뒤에서 날마다 임금에게 왕관의 무고(誣告)함을 상소하였다. 왕관은 드디어 감옥에서 나와 자유의 몸이 되었고 공부를 많이 하여 정승이 되었다.

이번에는 공교롭게도 백이가 감옥생활의 신세가 되었다. 왕관은 이전에 백이가 자기에게 한 번도 면회를 안 오고 무성의한 것이 괘씸하여 죄가 없는 줄 알면서도 내버려 두었다. 백이는 형장의 이슬로 사라졌다.

왕관이 하루는 서류를 보는데 자기가 감옥에 있을 때 백이가 날마다 자기의 무고함을 들어 임금께 상소한 서류가 있는 것을 보고 '아수불살생(我雖不殺生)이나 아여살생자(我如殺生者)니라' 하며 통곡했다.

뉘 안의 쌀

　이 진사란 사람이 선친의 묘자리를 잡기 위하여 터를 잡는 사람을 초빙하여 아침을 같이 먹고 있었다.
　이때 여덟 살 먹은 손자가 나왔다. 손자는 인사를 하고 앉았다.
　손님이 밥을 먹다가 밥에든 뉘를 가려서 보라는 듯이 밥상 모서리에 놓았다. 어린 손자가 이를 보고 당돌하게 꾸짖으며 말했다.
　"손님. 정말 땅 밑에 일을 잘 아십니까?"
　손자가 이 진사에게 말했다.
　"뉘 안에 바로 쌀이 든 것을 모르는 사람이 무슨 지리(地理)를 알겠습니까?"
　그 소년은 후일에 큰 인물이 되었다.

대 잎의 풍정

늦은 가을 아침이었다.

스님은 상좌에게 뜰을 쓸고 오라하였다. 상좌가 나와 보니 뜰이 말끔했다. 상좌가 곁에 서 있는 대나무를 흔드니 대 잎이 우수수 떨어 졌다. 마른 땅에 떨어지는 그 대 잎의 풍정(風情)이 그럴 수 없이 좋았다. 쓸기를 멈추고 그대로 안으로 들어갔다.

스님이 상좌에게 물었다.

"벌써 쓸었어? 어디 가보자"

스님은 뜰에 떨어져 있는 대 잎을 바라보더니 말했다.

"오호! 잘 됐다. 잘 쓸었다. 소제(掃除)는 이렇게 해야지"

핀 한 개의 인격

프랑스의 수도 파리에 아직 창립된 지 얼마 안 되는 조그마한 은행에 한 처녀가 취직을 하기위해 찾아갔다.

처녀는 젊은 은행장에게 자리가 없다고 거절당하여 나오다가 마루바닥에 핀 한 개가 떨어져 있는 것을 발견했다. 그녀는 그 핀을 주워 옷자락으로 닦아서 탁자 위에 올려놓고 나오려 했다.

"거기 기다리십시오."

아가씨를 채용하겠다며 말했다.

"이제 그 핀을 아껴 주시듯이 우리 은행 일을 해주신다면 내 월급을 나누어 드리더라도 채용하겠습니다."

그 처녀는 후일에 은행장의 부인이 되었고 그 은행은 크게 발전하였다.

오천대감

영의정을 지낸 오천 이종성(悟川 李鍾城) 대감이 벼슬을 그만두고 동저고리 바람으로 주막에 가서 노파와 이야기를 하고 있었다.

어느 날 석양에 신임 중화(中和) 부사의 행차가 이 주막에 숙소를 정했다. 오천대감은 맞은편 방에 있는 부사의 방에 들어갔다. 신임 부사는 오천대감인 줄을 모르고 오천대감의 문안을 묻고 노인의 이름을 물었다.

"이종성 올시다."

부사는 호령을 하면서 말했다.

"일개 촌로가 대감의 성함을 함부로 부르니 죄가 크오. 죄를 주는 것이 마땅하나 노인이라 그대로 보내오."

오천대감이 주막을 나서면서 말했다.

"부사가 저만하면 자격이 있다."

부사 일행은 밤을 지내고 이튿날 아침에 당연이 오천대감에게 문안을 드리러 갈 예정이었다.

최고의 광부

 일본 북해도에서는 비록 광부였지만 채광(採鑛)기술이 놀랄만한 사람이 있었다.
 사람들은 그를 채광의 신이라고 불렀다. 오랜 세월 일하는 동안에 그렇게 되었다.
 그에게 사장이 사무실에 와서 일할 것을 권하자 그가 말했다.
 "아니올시다. 저는 석탄을 캐내므로 성공한 사람으로 생각합니다. 이 북해도에서는 누구보다도 지지 않겠다는 자신을 가졌습니다. 그 말씀은 대단히 감사하오나 만약에 몸만을 편하겠다고 사무실로 간다면 저는 남 보다 못한 사람이 되고 맙니다. 사무실 일에는 남보다 잘할 수가 없으니까 자연 그렇게밖에 될 수 없습니다. 그러니 저는 죽는 날까지 제가 잘할 수 있는 일을 하면서 평생을 지낼 작정입니다."
 사장은 고개를 끄덕였다.

부루나의 전법

부처님 당시에 제자 부루나(富樓那)가 부처님께 말했다.

"부처님께서 지금까지 가르쳐 주신 좋은 불법을 저 자신만을 위해서 닦고 있을 수 없으니 이제는 고향에 돌아가서 여러 사람들을 위하여 베풀어 볼까 합니다."

"듣건 데 네 고향은 인심이 경박하다는데 어찌 네 뜻대로 불법을 펼 수 있을 것인가?"

"여러 사람이 저의 말을 믿어 주지 않는다면 저를 조롱하고 욕하지 않는 것만을 다행으로 알고 하겠습니다."

"욕을 하고 조롱을 하면 어찌할 것인가?"

"돌을 던지고 치지 않는 것만을 다행으로 알고 하겠습니다."

"돌을 던지고 친다면 어찌할 것인가?"

"칼로 치지 않는 것만을 다행으로 알고 하겠습니다."

"칼로 칠 때는 어찌할 것인가?"

"죽지 않는 것만을 다행으로 알고 하겠습니다."

"만약에 내가 죽는다면 어찌할 것인가?"

"거룩한 불법을 위하여 제 목숨을 바친 것을 만 번 다행으로 알고 죽겠습니다."